Hi, Historical Record

史记来了！

司马迁带你读史记

大梁如姬 / 著   李玮琪 李娅 / 绘

贰 春秋

海豚出版社
DOLPHIN BOOKS
CICG 中国国际传播集团

春秋

郑庄公 二孩家庭不受待见的老大，十四岁继位的郑国君主，抢天子的粮，射天子的肩膀，人称"春秋小霸"。

齐桓公 回国继位长跑比赛中装死跑赢哥哥，不计前嫌用管仲，成为"春秋五霸"第一人。

管 仲 长跑比赛中违规箭射对手，失败后转投对手阵营，和齐桓公成就明君贤臣佳话。

晏 子 齐国国相，智慧的化身，廉洁的代表，爱民的典范，历齐灵公、齐庄公、齐景公三朝。

晋文公 避祸出逃的公子重耳，颠沛流离十九年，终于回到晋国成功即位。

赵 武 中国历史上最出名的孤儿，他的后代建立了"战国七雄"中的赵国。

楚庄王 真正的牛人不怕被孤立，你们不带我玩没关系，我只要和你们天子肩并肩，再问问天子的鼎重几斤。

孙叔敖 勇杀双头蛇，替陌生人挡祸的无私少年，楚庄王的好搭档，入选《史记》好官光荣榜。

优 孟 楚庄王的宫廷脱口秀艺人，展示了如何把一件事夸张到极致，以起到劝谏效果。

孔 子　儒家学派的创始人，理想是改变全世界，很多年之后，他真的做到了！

吴太伯　吴国的开国君主，周文王的大伯父，为了和同以让位出名的家族后代季札"凑单"，延迟到《春秋篇》才登场。

季 札　大哥二哥三哥，个个要把王位传给他，都被他拒绝；心里许下的诺言，死活都要兑现。

伍子胥　一个楚国人，为报家仇投奔吴国，对吴国忠心耿耿，最后却被吴王夫差赐死。

吴王夫差　吴王阖闾的儿子，为父报仇打败越国，最终却败在越王勾践手下，身死国亡。

越王勾践　自找苦吃的国王，发愤图强的榜样，苦心人，天不负，三千越甲可吞吴。

范 蠡　辅佐越王勾践称霸，他深知有些人只能同患难，不能共富贵，于是转行经商，干一行，成一行。

豫 让　晋国贵族智伯的门客，是什么让他在复仇之路上走得如此坚定？是老板对他的尊重。

郑庄公
新的时代，我来开局

　　天亮了，世界又成功运行了一天，实在值得庆祝。那就给我的《太史公书》上新一篇吧！

　　故事到这儿，已经翻开时代新篇章，进入春秋时期了。周幽王以疯狂作死的方式玩死了自己，结束了统治，喜提了"亡国之君"的称号。由诸侯们充当搬家公司，他曾经的太子将整个领导班子都挪去了洛阳，把周朝断了的统治又重新粘上了。这就是周平王。

　　当年周武王把首都设在西边的镐京，周平王则设在东边的洛阳。于是，大伙儿按地理做了区分取名，一个叫西周，一个叫东周。东周的开始就是春秋。引领春秋模式的男主角，就是今天要说的郑庄公。

　　郑庄公名叫寤（wù）生，之所以有个这么不好听的名字，据我的采访，其中有个很有画面感的故事，我给你们还原一下：

郑国都城新郑宫内，一名新手产妇嗷嗷直叫，痛昏了好几次，好不容易迷迷糊糊听见接生婆和巫师"出来了！"的安慰声，下一句又差点儿将她击晕——"不好，是脚先出来了！"反反复复折腾了许久，鬼门关都路过了好几趟，丢掉半条命，终于将一个男娃儿生出来了。

这个男娃儿就是郑庄公。难产的女人姓姜，丈夫是郑武公，她就被称为武姜。对这个要了自己半条命的孩子，第一次当妈的武姜完全没生出一丝母爱，稳婆们把孩子抱来，她也只是恹（yān）恹地看了一眼："就叫寤生吧！"

寤是睡醒的意思。那么，郑庄公是在武姜刚刚睡醒的时候，就自己着急跑了出来，吓到了武姜吗？这只是其中一种说法。还

有一种，说寤和牾（wǔ）是通假字，牾是违背、抵触的意思。那么，郑庄公的出生可能是脚先出来，倒着生的，这导致了武姜的难产。所以，他的大名翻译下来就叫"郑难产"。

　　从出生就不顺妈妈心意，所以，郑庄公这辈子都没登上过妈妈的心尖。而因为偏爱幼子的"优良传统"，武姜把这几年没施展的母爱都给了晚三年出生的二儿子段。为了段，武姜甚至想搞乱周人早就确定好的嫡长子继承规则，要让段上台。好在，郑庄公的爹还是维护大儿子的，换位没能成功。

　　然而，奇葩妈武姜还是不甘心，不断教唆分封在外地的段加强练兵，打回新郑，解放郑国。最终，郑庄公发起反击，兄弟相残到演出了历史上一个名典故"郑伯克段于鄢（yān）"，郑伯是郑庄公，克表示战胜，鄢是个地名。郑庄公的操作也成了历代帝王防范兄弟的教科书。

　　扫完自己的一屋，郑庄公终于可以放眼天下局势了。

　　郑庄公的爸爸郑武公当初是保护周平王的其中一家搬家公司。所以，郑庄公刚继位，周王室就按老规矩让他接替老爸当了上卿。可郑庄公上台那年还小，老妈和老弟又一直给他使绊子，让他根本没时间去周朝首都报到。周平王想拔出萝卜腾个坑，改任虢（guó）国的国君当上卿。结果，周王朝保密工作不力，消息以最快的速度传到了新郑。已经腾出手的郑庄公话不多说，亲自跑到洛阳去质问周平王。

　　被当场质疑，周平王很尴尬，连忙否认。为了证明自己没说谎，心虚的周平王甚至提出以交换人质的方式作为诚信保障。

　　交换人质，就是把自己的"软肋"送到对方国家去。一旦两国关系闹掰，当作人质的孩子——也就是质子，就会很惨。而交换人质一般只发生在同等级的诸侯国家之间，作为天下的共主，周天子完全没必要和臣子签什么屈辱条约。可正所谓人在矮檐下，不得不低头，搬家之后的周王室需要仰赖跟他们走得比较亲的郑国，所以"周郑交质"还是发生了。这件事让周王室的声威再次下滑，郑庄公则凭着这件事在诸侯里出尽了风头。

可是，平王的孙子王孙林受不了这种屈辱，他默默拿小本本记下仇恨，心想着将来一定要给郑国一点儿颜色瞧瞧。等平王去世，太子早死，天子之位就传到了王孙林头上，这就是周桓王。

周桓王鄙视爷爷的软弱，刚上位就想撸了郑庄公的卿位，改成虢公。结果，这边还没行动，听闻风声的郑庄公又先反应了。他要恶心周桓王——先是派大臣祭足跑到天子自留地温地割了周天子的麦子，等秋天稻谷成熟了，郑国人又跑到都城洛阳附近去抢收了一通粮食。周桓王气得很想发兵去教他们做人，可手下的人老是劝，说到时候不一定谁才是被教的。周桓王掂量掂量自己的实力，只好忍气吞声。

过了两年，年轻气盛的桓王又迈出试探性的一步，把虢公忌父提拔当了上卿。不过，他没敢直接撤了郑庄公的卿位，而是

怒气值 100%

快乐值 100%

让两人一个当左卿，一个当右卿。收到消息的郑庄公第一反应是生气，第二反应还是生气，但反应了几次以后，一个妙计油然而生——既然还是周朝的卿，正好利用身份便利给自己办点儿事。

仗着左卿的身份，郑庄公先是冒充周天子的名义，教训了与郑国结怨多年的宋国，理由是宋国不来拜见周天子。其实，当时大家伙儿都不怎么搭理周天子了，但你见或者不见，周天子就在那儿，依然是需要尊奉的"品牌"。后来，郑庄公又搞了很多这类名义上尊王，实际上给自己"添油加肉"的行动。慢慢地，大家都比较听他的话，愿意相信他就是周朝在地方的代表，他俨然成了诸侯里的带头大哥。

当郑庄公玩得正嗨的时候，忍者神龟周桓王忍无可忍了，终于撸了他的管理员，并决定出兵教训郑庄公。周桓王向诸侯各国发出征兵消息，说要揍郑国。见没有人举手，桓王就像个在课堂上提问却无人应答的老师，只好叫上课代表虢国，又点名叫了蔡、卫、陈三个

离郑国很近的国家。

郑国怎么办？郑庄公还真不心虚，紧急召开高层会议商量对策。会上，郑国人胸有成竹地就怎么打败王师联军做了重要部署。所谓上兵伐谋，一上战场，一切果然按郑国写好的剧本走，王师和联军被打得大败，仓皇逃跑，郑国人穷追不舍。这时，郑国一位叫祝聃（dān）的大将张弓搭箭，对准桓王落败的"英姿"一松手，箭不偏不倚地射

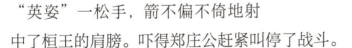

中了桓王的肩膀。吓得郑庄公赶紧叫停了战斗。

晚上，郑庄公派大臣带着礼物前去慰问桓王，希望能稍微缓和一下恶化的关系。桓王本来还想摔东西赶人，但身边的人都劝他见好就收。没办法，人在屋檐下，箭在肩膀上，天子也只好收了礼物给自己一个台阶下。自此以后，属于天子的时代彻底过去，用实力说话的春秋时代到来了。

这些实力派就像周朝大群的管理员，天子有心无力了，他们就出来"帮忙"管理秩序。按当时的称呼习惯，伯是次序里的老大，所以，管理员被叫作诸侯伯长。如果其他人也想争当大哥，就叫争伯。争的方式基本都是靠武力服人，是"霸道"的一种，后来这个词慢慢演变成了"争霸"。争霸，就是春秋时期的主旋律。郑庄公作为新时代的开路先锋，虽然一度称雄诸侯，但并没有当上真正的霸主，所以人称"春秋小霸"。

庄公迁其母武姜于城颍（yǐng），誓言曰：
"不至黄泉，毋相见也。"

——《史记·郑世家》

译文 郑庄公把母亲武姜关到颍城，发誓说："不到黄泉，不再相见。"

赏析 郑庄公生气时对母亲武姜说出狠话，表示生前不再相见，死后大家都到了黄泉里，如果还能见面，那就没办法了。后来的人为了表示某些决心，也会用上这句话。不过，说这句话的郑庄公后来后悔了，他很想再见母亲一面。于是，有个叫颍考叔的小官给他出了一个主意，挖一条隧道，直到挖出地下黄泥里的泉水，就算到了黄泉。于是，郑庄公和母亲在"黄泉"里见上了，两个人达成了和解。

五种体例建构的叙事网络

《史记》由本纪、表、书、世家、列传组成。这五种体例相互配合、彼此补充，构成一个有机的整体。

其中，十二篇本纪是主线，讲述从黄帝到汉武帝时代的历史发展变迁。十篇表和八篇书作为本纪的补充，建构起一个庞大的叙事网络。三十篇世家围绕本纪展开。用司马迁自己的话说，如果本纪是北斗星，世家则是环绕北斗的二十八个星宿（xiù）；如果本纪是车轮中心的轴，世家就是汇集于车轮轴的辐条。七十列传则是北斗和二十八个星宿之外，散落在天空的点点星辰。

这种设计大大开拓了《史记》的叙事范围，能容纳进更多的内容，更好地反映出社会生活的总体风貌。

先秦怎么那么多"姜"?

文姜、武姜、哀姜、叔姜……先秦的女人,都是蔬菜批发市场来的吗,怎么那么多姜呢?

其实,并不是有那么多叫某姜的女人,姜只是她们的姓。当时的称呼规则是"男称氏,女称姓",所以,先秦女性称呼里最后的那个字,都是她们的姓。当时诸侯林立,除了很多姜,还有很多某子、某姬、某妫(guī)等。她们的闺阁大名基本都没有流传下来,只在姓的前面加一个修饰词称呼。像文姜、武姜,她们出自姜姓的齐国和申国,而前面的文和武都是死后人们对她们一生的总结,叫谥(shì)号。武姜的武,是跟她丈夫郑武公同谥,文姜的文,则因为她自己能力出色,获得了专属谥号。哀姜也是一样,一生悲哀,又值得同情,就有了自己的谥号。由此也可见,这都是她们婚后或死后的称呼。

那么,结婚之前,没有谥号的她们怎么称呼呢?那时就按家中排行加姓的模式。叔姜就是一个例子,她是姜家排行在中间的姑娘。正常情况下,这些女性也有自己的大名。如楚国记载了一个叫季芈(mǐ)畀(bì)我的公主,季是排行,芈是姓,畀我是她的大名。还有湖北随州发掘的一处曾侯墓,出土的青铜器铭文显示曾侯夫人为楚国公主仲芈加,仲是老二,芈是姓,加是她的大名。

齐桓公

江湖新大哥

郑庄公之后，第一个当上真正的霸主的是齐桓公。齐国就是姜太公的国家，齐桓公的故事则开始于一场"谁是最快的人"的比赛。

齐桓公叫小白，他爹齐僖（xī）公也是个有雄心有能力的国君，当初靠着和郑庄公合作，齐国成功插手各诸侯国大事，差点儿成为周天子王权的东方代理人。可惜，人的寿命太有限了，就像我爹想写本历史巨作，终究只能把作业留给我。没能完成愿望的齐僖公，也只好把任务寄托给下一代。不过，这会儿还没轮到齐桓公接棒，他只是齐僖公一堆孩子中的一个。齐国的君位先是传给了太子诸儿，就是齐襄公。

　　齐襄公虽然治国才能不错，但德行有失，干了几件缺德事儿。这样的风格肯定会得罪很多人。于是，整个齐国的聪明人都开始心慌慌，预测国家要出一次大乱子。此时，齐国两位公子的家庭老师也在默默盘算，准备带他们教养的孩子出门避避风头。他们是管仲和鲍叔牙，徒弟则是齐僖公的两个儿子，公子纠和公子小白。管仲判断齐国的好日子正在倒计时，就跟老朋友鲍叔牙商量，分别去找外国领导人协助。

　　就这样，管仲带着哥哥公子纠逃到了鲁国，这里是公子纠的姥姥家。公子小白去哪里了呢？鲍叔牙本来也

打算带小白回他姥姥家，可小白姥姥家在山路十八弯的卫国，离齐国实在有点儿远，万一发生什么捡漏的机会，一时间赶不回来，只好把马车一拐，去了隔壁的莒（jǔ）国。

两大公子前脚刚走，齐国就闹起来了，齐襄公被堂弟公孙无知来了一招"关门打狗"。但篡位当了国君的公孙无知也没逍遥多久就被人了结了。这下，齐国还真到了捡漏时刻。管仲和鲍叔牙恨不得用瞬移技能把自己扶持的公子送回去争当国君，忙找落脚的国家借兵。鲁国的鲁庄公自然愿意帮自己的舅舅，莒国那边也想跟这个大邻居搞好关系，所以，双方都派了人当保镖护送公子回国。

齐国已经没有领导人了，只要谁先回去，坑位就属于谁。于是，"谁是最快的人"的长跑比赛开始了。当你以为这是一场公平的马拉松时，管仲小心思一动，宣告你想错了。他认为，与其双方在回去的路上尴尬碰面，再拼两国兵力大打出手，不如提前悄无声息地解决一个。于是，管仲找鲁侯申请了一些最先进的射击工具，他要在半路上暗杀公子小白，让他退出决赛圈。鲍叔牙对此毫不知情，还在找捷径偷摸赶路，可管仲快马加鞭提前埋伏在他们的必经之路上。等公子小白一行出现，他就准备一箭穿心，迎接胜利的果实。

公子小白身边已经响起了"危险危险危险"的警报，谁能破局？且往下看。

小白的车马出现在管仲的射程范围内后，管仲毫不心软，一支冷箭穿云过，直击小白胸口。小白吐血倒下，鲍叔牙见辛苦多时却被釜底抽薪，抱着公子失声痛哭，捶胸顿足骂管仲太腹黑……眼见大功告成，管仲微微一笑，返回鲁国，一脸轻松地告诉大家，现在咱可以慢悠悠地朝齐国开去，不用飙车了。

于是，鲁国大军载着公子纠浩浩荡荡朝齐都临淄开去，走到城下，并没有迎来预想中的欢迎。齐国城门上的守将反而全部刀箭对外，把他们当成了敌人。怎么回事？

过了一会儿，城头上站出来两个人，一个是公子小白——也就是

齐桓公,一个是鲍叔牙。

只见齐桓公叹了口气,说:"人生如戏,全靠演技啊。"原来,当初管仲的那一箭虽然射中了他胸口,却被衣带钩挡住了。所以,小白当时只是受了点儿皮肉伤。那他的血是怎么吐出来的呢?聪明一世的管仲还是不解。齐桓公笑了笑,那是他咬破舌头装的。因为如果不装,管仲可能还会再来一箭。可见,多一个心眼子有多重要。问天地为何物,不过一物降一物。破解管仲的,还得是齐桓公本人。

千算万算,还是失算。管仲服了。不过,鲁国人不服,他们可不愿"百里迢迢"陪跑一段,既然赛跑失败,那就物理解决,打一架再说。打赢了,小白下来,公子纠上台,鲁国索要若干好处;打输了……鲁庄公表示自己没打算输。

然而,打脸来得很快。双方在一个叫乾时的地方交战,齐国人为了保护新任领导,一个个勇猛无敌,打得鲁国节节败退,只能认栽。鲁庄公算了算账,不能为了一个舅舅把齐国再得罪一遍。毕竟,齐鲁几乎代代联姻,论亲戚,也不一定非要按公子纠的妈妈那边算。如果按鲁庄公亲妈文姜的关系论,公子纠和公子小白都是文姜的兄弟,大舅二舅都是舅,有啥好纠结的。所以,鲁庄公毫

不犹豫，决定撤兵。

　　想来抬脚就来，想走就没那么容易了。齐国人拦在了鲁国回撤的路上，要他们答应两个要求，交出三条人命。第一个是帮小白干掉纠哥，因为他本人不方便动手。第二是把带公子纠出逃的管仲，还有另一位老师召忽交给齐国。他们分不清形势，站队错误，齐桓公决定要让他们以被剁成肉酱的方式付出代价。如果不照做，齐国士兵就要围上来，让鲁庄公变成鲁桩公——在这儿立成树桩。

　　鲁庄公没办法，只好照做，先杀了公子纠。召忽一看，主人都死了，也以死谢罪。管仲呢？他主动说起自己曾经"箭杀"齐桓公的恶行，强烈要求大家不要便宜地杀了他，应该把他抓起来丢给齐国处理。

管仲莫非想死得五花八门吗？非也。他知道齐国会有人救他。那个人就是他的老朋友鲍叔牙。果然，鲍叔牙早就跟齐桓公推荐了管仲。为了让齐桓公相信管仲是真有才，鲍叔牙甚至选择了拉踩自己的模式。他说自己虽然是老师，但才能完全比不上管仲。自己帮忙打理齐国，齐国也不过就是维持原样，不会有啥变化，但要请了管仲来，把国家做大做强，让齐桓公荣登霸主，就不再只是梦想了。

齐桓公本来还在记恨那一箭之仇，但听老师把管仲夸得天花乱坠，也想长长见识，就用那个没被管仲射死的宽大胸襟饶恕了管仲，还假称要将其剁成肉酱而快，找鲁国要回了管仲。

齐桓公和管仲，一对明君贤臣的搭档正式搭建完毕！至于他们创造了什么奇迹，我必须给管仲一次当男主角的机会，让他一展风采。

史记原典

君为社稷死则死之，为社稷亡则亡之。

——《史记·齐太公世家》

译文 君王为社稷大事而死，臣子可以为他殉死，为社稷而逃亡，臣子也应该跟着他逃亡。

赏析 君王虽然是国家的统治者，但他们的行为不一定都是为了国家，如果是为私事而死，臣子就没必要愚忠为他殉葬。这其实是晏子的名言，不过用在管仲的故事中也很合适。这也是引发唐朝名相魏征"忠臣"和"良臣"论的那句话。魏征认为，国君死了，臣子也跟着死的，那只是忠臣。而为人臣子，做忠臣并不是最佳选择，应该做良臣。良臣有什么标准呢？君王死了，社稷还在，国家还在，那么，臣子就应该继续为下一任领导认真工作。

"管鲍之交"是什么样的交情？

管仲和鲍叔牙，是中国历史上一对著名的好友。两人好到什么地步？

管仲是个穷光蛋，每当饭不够吃、钱不够花了，他就会去占鲍叔牙的便宜，而鲍叔牙完全不介意。管仲怂恿鲍叔牙和他一起做生意，当然，鲍叔牙是出资人，他则出个高速运转的脑袋。等运气好赚了钱的时候，管仲就不管什么你股份多你得多分，他向来都是当仁不让地拿走大头。鲍叔牙也就笑笑，并不觉得管仲是个贪心又爱占便宜的小市民。有时候因为管仲的横插一杠，生意失败了，鲍叔牙也不觉得管仲是个蠢货，只把一切归因为时也运也。

管仲按制度服兵役，结果每次打仗的时候，冲锋数他跑得慢，永远掉在队伍最后面，有一点儿撤退的趋势，他第一个撒丫子就跑。有人说，今天就是天王老子来了，我也要说管仲是贪生怕死。结果鲍叔牙说，你们啊，还是太年轻，管仲这是孝顺，他有老母亲在高堂，养儿防老，他要完成家庭任务嘛。况且，管仲这种大才，如果不小心死在刀剑无眼的战场，那是国家多大的损失？他的战场可不在这儿！

管仲听了，只能感叹一句：生我者父母，知我者，鲍叔牙也。

管仲、晏子

管晏，相国天花板

哈喽，我是司马迁。不打诳语，我说要让管仲当男主，今天的舞台和灯光就给他。

要说齐桓公当国君的特点，只有五个字：懒惰但听话。他完全不想自己花费时间去管各种大小事，但他愿意放手让信任的臣子去干。基本上，他信任了谁，就不会是"微"信，而是无条件支持。于是，管仲迎来了大展身手的机会，对齐国来了一套从上到下的大整修。

除了富国强兵的政策，管仲还带着齐国到处当好人。几年里，齐国帮哑巴发言，给盲人引路，背小学生上课，扶老奶奶过马路，用实际行动表演"谁有困难我帮忙，我住隔壁我姓姜"的优良作风，也充分赢得了邻居们的好感。齐桓公佩服得想对管仲叫爸爸，管仲推辞了几次，最后变成了齐桓公的仲父，也就是二爸爸的意思。

手里有钱后，管仲打算开展为天下服务的工作。他们先是小露了一手，协助乱了几代的宋国确定新君，接着又为家里很乱的周襄王撑了撑腰。当时，周襄王的弟弟也想过把天子瘾，经常在背后搞小动作。齐桓公听说后，叫上小弟们开了一次诸侯大会，表示在座所有人都是周襄王的小弟，把天子感动得亲赐了齐桓公一朵小红花，封他为诸侯里的"伯"。经过天子的盖章，齐桓公也就成了"春秋五霸"的第一人，实现了齐国的霸主梦。

这还不算齐桓公的人生高光时刻，最精彩的，是他阻拦了楚国入侵中原的脚步。

这些年，别人在成长，一身反骨的楚国也没停止变大。经过长期不讲武德地向四周"打野"，楚国已经吃成了一个胖子，总想出来看看世界。楚国套上救生圈，游过了淮河，戳一戳最近的诸侯，一脸无耻地喊话："来打我呀，咯咯咯……"这个受到频繁骚扰的，是不当大哥好多年的郑国。郑庄公之后，郑国几个公子轮番争位，早就把国力折腾没了，只能一把鼻涕一把泪地来找齐国大哥诉苦。

作为周天子的权势代言人，中原诸侯有难，还是被"蛮夷"楚国欺负，齐桓公很愤怒，好歹要给楚国来点儿小小的震撼。管仲也很支持："打你就打你，没见过这么贱的要求。"

管仲还在紧锣密鼓地调遣士兵时，国内发生了一件事。

齐桓公从蔡国娶了个年轻活泼的老婆。蔡姬青春好动，齐桓公看见她就像年轻了十岁，两人总是腻在一起。有一次，齐桓公和蔡姬相约坐船游湖，齐桓公是个旱鸭子，神色有点儿慌张。见老丈夫露出窘态，蔡姬忍不住皮一下，爬起来开始晃船。

齐桓公拼命求饶："亲爱的，别摇了！"可蔡姬只觉得好玩，以"嘻嘻嘻"回复。她想，要是老丈夫掉下去，自己还能美女救英雄，增加两人的感情互动呢。可齐桓公是一国之君，又上了岁数，并不能时时读懂小年轻调皮里的爱意，他只觉得颜面扫地。下了船，齐桓公把蔡姬送回娘家反省。

结果，蔡侯是个暴脾气，见姑娘被无理由退回，转手就将爱女嫁给了别人。管仲听说后，赶紧跑来见齐桓公，恭喜他。齐桓公刚准备怀疑自己的听力，管仲说出了自己的谋划：以此为由攻击蔡国，麻痹楚国，再急转掉头，打楚国一个措手不及。齐桓公正憋得难受，马上在计划书上签了"同意"，然后登高一呼，集合了几个诸侯国把蔡国打服了。

随后，联军继续向楚国偷渡，刚走到半路，楚国来人了。

楚国派出了这一届的文化代表。按《左传》上的记录，楚使

开口就说出了一段名言："君处北海，寡人处南海，唯是风马牛不相及也。不虞君之涉吾地也，何故？"什么意思呢？你住在北海一带，我家在南海，路途遥远互不相干，就像是牛和马物种不同，它们想要谈恋爱也不会跑到彼此的地界上。不知道你们跑到我这里，是啥原因呢？

管仲心里预设了很多套对付楚国的话术，有条有理地回怼了楚人后，话锋一转，说他只是来代替天子征收诸侯应该进贡的礼物。说完，管仲又提了一桩陈年旧事，当年周昭王南征楚国，死在了汉水……楚国使者也是个老机灵鬼，当场承认没送礼是他们的错，回去就补，但坚决不背害死昭王这口大锅。双方又进行了一段扯皮，互相秀了一下肌肉，考虑到正式掰手腕可能损失很大，这场仗最终没有打起来，只签了个和平条约。

虽然没用上武力，但军事家孙武老先生说了，不战而屈人之兵才是上策。楚国和齐国签订盟约，承认了齐国的大哥地位，也暂缓了骚扰和进攻中原的步伐，这就是齐桓公"尊王攘夷"事业的成功。而这一切，都是管仲的谋划。所以，自出道以来，管仲人气居高不下。后世那些找工作的人给自己想简历，开口就喜欢把自己比作管乐。这可不是什么小号长笛之类的管乐。管是管仲，乐是战国时期一位叫乐毅的人才。

说到这里，晏子心里就不舒服了。毕竟，我写的《太史公书》里，他才是和管仲排在一个组合里的人。

晏子是谁？只要不是九年义务教育的漏网之鱼，没人不知道他的大名。一篇《晏子使楚》，就让他的机智刻入你脑子里了。

晏子虽然比管仲晚出生一百多年，但和管仲同为春秋时期齐国的贤相代表。他给齐灵公、齐庄公、齐景公三任国君打过工，其中齐景公应该是他的知己。所以，晏子也抱持着"君视臣如手足，则臣视君如腹心"的态度，使出浑身解数帮齐景公解决各种难题。一旦他进入享受模式，晏子就化身唐僧念经，劝他不要这样、不能那样。齐景公在懒惰方面几乎就是齐桓公的翻版，所以，他也经常把晏子比作自己的管仲。

　　除了去楚国出差，晏子还有什么出圈的事迹吗？有，他几乎是位"清廉居士"。晏子高度自律，生活节俭，当上宰相后伙食标准依然定得很低，吃饭时桌上绝对不会有两个肉菜。他身为宰相却低调谦逊，礼贤下士，赢得了齐国人民的尊重和爱戴。讲两

个小故事让你简单感受一下。

有一次，晏子坐着马车外出，在路上碰到一个叫越石父的贤人。当时，越石父因为犯了事在服劳役。晏子是个爱才的人，当场就解下马车上的一匹马，把越石父赎了出来，带着他回了家。

到家后，晏子也没跟越石父打个招呼，就进里屋忙自己的去了，好久也没出来。觉得受了冷落的越石父很生气，等到晏子出来时，就宣布要和他绝交。晏子大吃一惊，说："我即使说不上有多么善良宽厚，但也算是把你从危难之中解救出来了，怎么这么快就要跟我绝交呢？"越石父说："话不是这么说。我听说，一个君子，在不了解自己的人那里受点委屈算不得什么，可是在了解自己的人面前应该受到尊重。你既然把我赎出来，说明你了解我；了解我却不能以礼相待，还不如让我回去劳改呢。"晏子听了这番话，马上诚恳道歉，恭恭敬敬地把越石父请进厅堂，当贵客招待。

另一个故事是关于他的车夫的。有一次，车夫驾着马车载着晏子外出。车夫的老婆从门缝中偷看自己丈夫的工作状态。只见他为宰相驾着带车篷的豪华马车，高高地挥起鞭子，赶着拉车的四匹马，神气十足，得意扬扬。

等车夫回到家，他老婆就提出要离婚。车夫问她为啥，他老婆说："晏子身高不到六尺，却做了齐国的宰相，名声远扬各国，可我看他满脸谦逊，面色深沉，一看就是在思考国家大事。再看看你，身高八尺的大高个，当了个车夫，却一脸的自在满足，感觉比宰相还了不起，所以我要跟你离婚。"

听了这话，车夫当然是赶紧自我检讨。从这之后，车夫就肉眼可见地变得谦虚谨慎起来。晏子发现了他的变化，问他为什么最近好像变了个人。车夫就把老婆批评他的话原原本本复述了一遍。晏子一听，这个车夫倒是闻过则改啊，于是推荐他做了大夫。

晏子就是这样一个人，在工作上，敢于冒犯君主的威严，直言进谏；在生活中，也是时时想着自己有什么过失，然后及时弥补。如果晏子还活着，即便是给他当车夫，为他挥着鞭子赶马车，也是我乐意和向往的啊！

史记原典

仓廪实而知礼节，衣食足而知荣辱。

——《史记·管晏列传》

译文 仓库充实了，百姓才会懂得礼节；衣食丰足了，百姓才会知道荣誉和耻辱。

赏析 这是齐相管仲的一条治国方针。他认为，只有仓库里粮食充足、人们丰衣足食，才能去谈礼仪和荣辱。换句话说，人只有基本的物质生活得到了保障，才可能有更高的精神追求。

史记文学小课堂 - 人物刻画

真巧，在这里又看到你

阅读《史记》时，你会发现，很多人物不光在自己的传记里"领衔主演"，经常还会去别人的传记里打个酱油。这种在人物自己的传记中着重表现他的主要特征，其他方面的性格特征则放到别人的传记中展示的创作手法叫"互见法"，也叫"旁见侧出法"，是司马迁的首创。

比如晏子，他的主要故事在《管晏列传》里。司马迁通过简单的叙述和两个小故事，勾画出一个节俭爱民、低调谦逊、深受人们爱戴的国相形象。同时，晏子作为为三代国君服务过的老员工，在领导们的家族传记《齐太公世家》中也有不少"戏份"。在领导身边，主要展示的则是晏子正直敢谏的性格。

假脚很贵，鞋子便宜

在《管晏列传》中，司马迁提到他写晏子传记时，读过一本叫《晏子春秋》的参考书。这本书里记述了晏子的很多故事。

晏子家住在市场附近，房子又潮湿又狭小，周边环境更是脏乱差。齐景公去过几次后，实在是无法忍受，于是打算另外找个地方，给晏子盖个宽敞明亮的豪宅。没想到却被晏子拒绝了。晏子说："我家祖辈都住在这里，能有这样的房子住我已经很满足了。再说了，这儿离市场近，买东西也方便。"齐景公觉得好笑，堂堂相国难道还要亲自出门采买？就问他："你住在市场旁边，那你知道什么贵什么便宜吗？"

当时，齐景公制定了很多刑罚，人们一不小心就会违法，很多人受刑被砍了脚，市场上就有为这些人制作的假脚卖。于是晏子回答说："当然知道啊，现在市场上假脚很贵，鞋子很便宜。"言外之意就是没有脚的人多了，需要穿鞋子的人少了。齐景公一听，脸色都变了，晏子这是在拐着弯给自己挑刺呢！不过，他还是因为晏子的这一句话减少了刑罚。

晋文公

流亡算什么，我还能回来

　　勤劳的司马迁我又来讲故事了。前面提到过，春秋时期的模式是，诸侯把手伸长了，代天子管理秩序，形成了江湖人称的"春秋五霸"，晋文公就是齐桓公的接班人。

　　说起晋文公的人生，那真是一部励志大片。他的前半生，怕是贵族公子里混得最惨的。我这个日均颓废一下的人，偶尔看看他的故事，都会觉得被安慰到了。

　　晋文公是晋献公的二儿子，在即位之前，他叫公子重耳。重耳虽然不是嫡长子，也不是爹爹最疼的一个，但作为一个能力还不错的孩子，晋献公还是给他安排了安稳人生的。只不过，这一切都被后妈打碎了。

　　这种故事，相信不用我多讲，你都能猜到后面的情节发展。

一定是后妈生了自己的孩子，想夺取权力，就各种陷害前任的孩子们……没错，重耳的后妈骊（lí）姬有了孩子，不仅用巧计害死了重耳的哥哥、太子申生，还要给晋献公的孩子们来一套"消消乐"服务。她是思想和行动上的巨人，想到就做到，重耳和老弟公子夷吾只能出国逃亡。

生活不易，重耳叹气。他带着自己的团队踏上了流浪之旅。这一浪，比大海拍起来的还高，让重耳直接多走了一半人生弯路。

听说，明朝有个后生写了首诗，大概意思是，人生七十古来稀，前十年幼小，后十年衰老，中间只有五十年，一半又在夜里过了。剩下二十五年时间，受尽了人生多少奔忙烦恼。如果重耳听到这些，一定忍不住痛哭流涕，这是以他为原型写的吗？他光在路上奔忙的时间就花了整整十九年！

他刚逃出国的时候，去了姥姥家，狄国（也作翟国）。姥爷对他还算够意思，决定给他找个老婆回来，就发兵把旁边一个少数民族打了，在里面帮他找了一个女子。于是，重耳就在这里成了亲。所谓成家立业，家是有了，业呢？这哪敢想呀，爹和后妈说不定还能打过来呢。所以，重耳决定躺平，在这里老婆孩子热炕头，安稳平凡地度过一生算了。这一住就住了十二年。毕竟，姥爷也不会收房租，生活是零成本的。

晋国怎么样了呢？歹毒的后妈骊姬有没有实现梦想？答案是，实现了，又没完全实现。赶跑几个大的孩子后，骊姬果然把自己的好大儿扶上了太子之位。结果，太子登基当天，有位艺高人胆大的大臣就拒绝接受这个事实，当众杀了重耳的这位小老弟。骊姬又想让妹妹的儿子上台，可那位杀神又阴森森地站出来，国君嘛，杀一个是杀，杀两个也是杀，不过多费一下手劲。

杀人的大臣叫里克，他本来是太子申生的粉丝，申生肉体毁

狄国

卫国

晋国

秦国

灭后，就转粉重耳了。杀完人，他就派人去狄国邀请重耳回国即位。谁说天上不会掉馅饼，面对这个绝佳机会，重耳是不是与国内双向奔赴去了？当然没有。请回忆一下关键时间，我说他流浪了十九年，少一分一秒都不行。所以，重耳忍痛拒绝了。他是个谨慎的人，加上身边的智囊团都说，国内现在不稳，老国君晋献公也还没下葬，这会儿回去吃相实在难看，不如拒绝。

这下，里克尴尬了。位子都给你空出来了，结果你还这么客气，怎么办？思来想去，只好去请另一位，夷吾。夷吾想回去，但又搞不清楚国内情况，怕里克把他骗回去杀了，假客气了一阵，然后麻溜跑去秦国找姐夫秦穆公借兵，护送自己回去，并给所有追随者开了各种空头支票许诺。

夷吾老弟上台了，重耳是不是也能回国享受了？那真是长得不美想得美。夷吾当然没有忘记这位哥哥，但那是没安好心的惦记。他生怕二哥

楚国

齐国

曹国

的存在会威胁自己的地位，于是，夷吾决定当一次"后妈"，又派人去杀重耳。

好家伙，现在就连躺平都不行了，重耳只能收拾东西连夜跑路。也不知道走了多久，他们终于踏进了卫国境内。卫国没有姥姥家那么好客，当时就把他们轰走了。重耳一边骂骂咧咧，一边继续往前找收留所。夷吾听到消息后，忍不住发出感叹：愿有人陪你颠沛流离，而我舒舒服服地躺着。

接着，重耳他们跑到了齐国。这会儿齐国还是齐桓公在位，但已经到了晚年。作为中原大哥，齐桓公很好客，接纳了重耳和他的流浪团，又是送美女，又打算给他们封官。毕竟，齐国一直是个只看能力不看学历的地方，哪里来的人才他们都想接纳。

在齐国住了一段时间，赶上齐国小人作乱，齐桓公被活活饿死在宫里，齐国乱成了一团。几个儿子为了争位，连齐桓公的尸体都没埋，一直到虫子都长出来了。

宋国

郑国

孔夫子说，"乱邦不居"，虽然重耳和手下人没听过孔老夫子的话，但他们深刻明白这个道理。齐国已经不是久留之地，得走了。重耳看了看娇妻，有点儿舍不得，大伙儿只好一记闷棍……呃，没有那么残忍，只是灌醉老大，把他装走了。等重耳睁眼的时候，没有温暖的被子，只有颠簸的马车和冷风。气得他捶胸顿足，还说要杀了把他拐走的人。

嘿，当我在史料中看到这里，还以为这位霸主是个彻彻底底的恋爱脑。没想到，人家享受的时候享受，该搞事业的时候也完全不含糊。

晋国的马车很快拐到了曹国。曹国接待了他们，可曹共公不太正经，他想看看重耳的肋骨是不是真像人们传说的那样长成一片的，于是偷看重耳洗澡。因为不慎走光，重耳赶紧带着手下人集体走光了。

曹国隔壁是宋国，宋国当时是著名的宋襄公在位。襄公想接齐桓公的班，就照着齐桓公的作业原版抄录，好好款待了他们。

离开宋国，重耳一行又到了郑国。郑国人虽然有钱，但不想负担这批"国际乞丐"，于是打发他们走了。

接着，他们就到了楚国。楚王倒是热情招待，还逼着重耳贡献了一个成语，将来要是两国打仗，晋国一定会"退避三舍"。

楚王手下发现重耳这批人个个都是人才，感到了压力，想趁现在把他们一窝端。结果楚王挺讲诚信，拒绝了不讲武德的行为。重耳他们发觉楚国人的异动后，只能再次跑路，去了姐夫的秦国，希望秦国能帮自己回国。

别看重耳这一路东奔西走，由我这么一说，好像才几百个字，实际上，这又是他的七年人生。这七年里，夷吾已经活完了他的一辈子，现在在位的是他儿子晋怀公。秦国的姐夫先后被夷吾父子坑得血都多吐了好几口，也想把重耳送回去，替自己出一口恶气。于是双方一拍即合，在饭桌上就约定了各种合作条款，由秦国发兵护送。

现在，十九年流亡年限终于已满，重耳也终于回到了故土，成了晋文公。

当上一国领导人后，各方面才智都已经熟透了的晋文公，总算可以大展拳脚了。他让手下人才各司其职，充分发挥才能，经过几年的努力，顺利接手了齐桓公当初没干完的事业——打败楚国，遏制他们出来捣乱。同时，齐桓公的另一件"烂尾"工作晋文公也接了过来，帮被赶下台的周襄王打跑篡位的弟弟，稳固了天子之位。所以，他也被周襄王亲赐了小红花，名正言顺地接了齐桓公的班。

在晋文公的带领下，晋国不仅正式坐上了春秋头号交椅，还超越短暂辉煌的齐国，当了几百年的中原大哥。所以，后来的整个春秋史，几乎就是一部"晋楚争霸史"。

史记原典

使死者复生，生者不惭，为之验。

——《史记·晋世家》

译文 如果死人重新活过来，我作为活着的人不会由于没完成他的嘱托而惭愧，这总可以验证我多靠谱吧。

赏析 "死者复生，生者不愧"是一句沿用至今的谚语，出现在《史记·赵世家》中，与《晋世家》晋献公的托孤大臣荀息所说只有一字之差。意思是，自己能完成死者生前的嘱托，即使对方多年后再活过来找他验证，他也不会觉得惭愧。在表达自己守信重诺、值得托付的时候，就可以用上这句话。

放把火，烧出了寒食节

清明节的前一两天，还有一个节日，叫寒食节。寒食节是什么意思？

寒食，顾名思义，就是冷的食物，也就是不生火，只吃冷东西。在这一天，还发展出了不少活动，比如踏青、祭祀等。因为离得太近，后人经常把它跟清明节并在一起过了。那么，这个节日是咋来的呢？

中国的节日起源，大多都可以追溯到一个人或一个典故。寒食节就是为了纪念跟着晋文公重耳流浪的一个名叫介子推的大臣。重耳流亡十九年，有的国家好吃好喝招待他，但有些国家却让他吃闭门羹。这种时候，挨饿就少不了了。有一次，大伙儿断食好几天，饿得前胸贴后背的时候，介子推端出一碗肉汤，拯救了主公的肠胃。原来，他从自己大腿上割下了一片肉。后来重耳回国即位，把陪着自己颠沛流离、不离不弃的人都封赏了，唯独忘了介子推。介子推便带着老母亲上山隐居。重耳听说后，赶紧派人去找，把整个山都封锁了，可介子推就是不出来。不知道谁出了个馊主意，说放火烧山介子推就不得不出来了。结果，介子推硬扛，母子俩活活被烧死了。后人为了纪念他，就规定每年的这一天禁止一切烟火。

赵武
赵氏孤儿，虐剧还是爽剧？

既然说到了晋国，咱们就再唠唠晋国的传说。话说，晋国有两个顶流故事，一个是本篇要说的"赵氏孤儿"。它被后来的编剧改编成戏曲，飞入了寻常百姓家。故事只要进了民间，就有了群众基础，口耳相传的力量比书籍大多了。另一个嘛，还是留着卖个关子，一个个讲。

先给大家简单介绍一下"赵氏孤儿"的故事线。

说有一个叫赵武的孩子，从出生那会儿就受到了生命威胁。这是咋回事？

孩子自然不会得罪世界，但他家里人会。赵武的爸爸赵朔没太得罪人，一切还得回到他爷爷赵盾身上。赵盾的父亲赵衰曾跟着晋文公流浪。晋文公回国后，作为一起吃苦的老兄弟，赵衰直线飞升，成了只比国君小一级的军政一把手。赵衰这人非常低调谦虚，在晋国好评如潮，他儿子赵盾就跟着连任，成了朝中大佬。

赵盾这个人，说厚道吧，他有时候又不讲武德，说不厚道吧，他也会忠言逆耳地规劝脱了轨的小国君，算得上是尽职尽责。不过，有个对手是这么评价他们父子俩的："赵衰像冬天的太阳，赵盾像夏天的太阳。"从这生动的比喻你就可以知道，在赵盾身边工作不是件舒服的事。所以，赵盾当晋国主持人的时候，得罪了不少其他贵族。特别是，他还默许堂弟杀了不听劝的小国君晋灵公。谥号"灵"的国君，通常都比较爱胡来。杀了人家还给人差评，真是杀人诛心了。

然而，小国君其实也有死忠粉。有个叫屠岸贾（gǔ）的，就是晋灵公的"榜一大哥"。到晋国新君景公时期，屠岸贾已经升职加薪成了主掌律法的大司寇。他一直在默默积蓄力量，拉拢那些跟赵家不对付的人，想给小领导报仇。经过长期精密的谋划，屠岸贾终于对赵氏发动了"家族消消乐"。赵家措手不及，全员悲剧，只剩下赵武。这就是赵氏孤儿。

为啥赵武成了漏网之鱼呢？因为，那会儿他还在妈妈肚子里。而他妈庄姬是晋国公主，景公的姑姑。有这层身份，大肚子的庄姬早早躲到宫里待产去了。后来，庄姬在宫里生下了赵武。屠岸贾深知斩草不除根，春风草又生，竟然直接派人去宫里搜查。庄姬只好把刚出来的孩子塞回裙子下的里裤内。等搜查队走近，庄姬默默祷告："如果赵氏应该族灭，娃儿你就哭吧；如果赵氏不应该灭亡，你就不要出声。"关键时刻，生命被威胁的赵武很乖巧，在紧张刺激的整个搜捕过程中，愣是一个喷嚏都没打，躲过了这场浩劫。当然，这是暂时的。

赵家毕竟正经牛过几代，虽然得罪了人，但也有不少人受过他家好处。比如，赵家两个打工人公孙杵臼和程婴，他们就下决心一定要保住赵氏唯一的血脉。程婴很有危机意识，他知道这次躲过去只是侥幸，就跟公孙杵臼商量后面怎么办。公孙杵臼没正面回答，而是问了句让人摸不着头脑的话："养大这个孤儿和去死，哪个更难？"程婴说，当然是死容易啊。死只要一把刀、一根绳上脖子就行了，养大孤儿可得花漫长的十几年呢。公孙杵臼听完说："好的老弟，领导当初更看重你，你就勉为其难做更难的事吧。简单的死，请让我去。"

聪明人说话，通常不需要费多少流量，双方就能心知肚明。接下来，两人在城里找了个差不多大的婴儿，开始排练一场大戏。

屠岸贾的搜捕人员查到程婴他们的藏身地，程婴表示不装了，一溜烟跑到大伙儿面前挤眉弄眼地说："我有个好消息要卖，谁给我一千金，我就把赵氏遗孤的下落告诉你们。"话音刚落，只见公孙杵臼气急败坏地跑出来，大骂程婴无耻，明明约好一起抚养婴儿，就算做不到，也不能出卖啊，然后请求大家只杀自己，放过婴儿。搜捕队面对这个升官发财的机会，怎么可能大发善心？举起屠刀就把一老一小都解决了。然后，好演员程婴就抱着真正的赵家孤儿躲进了深山。

孤儿就此和那个平民婴儿交换人生，泯为众人了吗？如果故事只是这样，就没啥值得铭记和流传的点了。接下来，孤儿也要报仇。

程婴偷偷照顾赵武的事，被另一个权贵知道了。此人叫韩厥（jué），当年曾是赵盾的直系下属。现在，他已经混到了顶级地位，也是有恩报恩，只待小赵武成长到有自理能力。

十五年后，赵武成了少年，晋景公却生了场小病。遇事不决，全靠神学。占卜后，卦辞显示有个叫大业的人没了后代祭祀，于是出来作祟。大业的后代是谁呢？就是赵氏。所以，当景公问韩厥怎么处理时，韩厥趁机说，大业家没绝户，还有一个小赵氏呢。然后，韩厥把赵氏孤儿的故事复述了一遍，再隆重推出赵武。

景公见状，孤儿也算是自己的表兄弟，就把原来赵氏的地盘还给了赵武，恢复了赵氏的贵族身份。赵武成功逆袭后，第一时间联合当初组团灭了他家的各大家族，反过来杀向屠岸贾，以其人之道还治其人之身，报了灭族之仇。

赵氏孤儿的故事在《左传》里也有记载。《左传》的版本是，赵武他妈庄姬因为和赵武的两位叔爷有矛盾，便向景公诬告赵家兄弟要谋反，再加上晋国嫉妒赵家权势的其他家族的助力，于是赵氏家族被灭门，赵武跟着庄姬住在景公宫中而得以幸免。另外，这里面没有屠岸贾，更没有公孙杵臼和程婴。

显而易见，我写的这个故事和《左传》记载的完全不一样，但这是我从赵地人那儿听来的。我家祖上和赵将冯遂关系不错，

赵地的一些传说都是他讲给同事们听的。关于它的真实性，我不能完全保证，但绝对不是信口胡诌。

那么问题来了，有记载春秋历史的《左传》在前，我为什么要用截然不同的故事呢？

解惑解惑，司马迁在线答疑了！

我写历史，有一个"博采众家"的作风，同时又有"成一家之言"的目标。所以，我从来不避开那些不同的说法，而是全部记录在案，让后人自己去辨析。而我写书时，又有一个资料缺席的大背景——秦始皇一统六国，一把火烧了各国史书，后人可以看到的资料非常少，这就需要除文本史以外的口述史的加入。所谓口述史，就是我去采访的时候听到的当地人的传说啦。

你想，身负血海深仇的赵武，一路逃过追杀，在艰苦的环境下东躲西藏地长大。即便人生如此艰难，他也没"长残"，没有磨灭贵族特质，最终大仇得报。这个"天将降大任于是人也，必先苦其心志，劳其筋骨"的故事，不是更精彩和值得深思吗？

同时，我还想"爹味"一下，输出一点儿教育意义。在我的故事里，晋国完全是昏君与奸臣搭档，这是所有人民群众最厌恶的模板。人们希望黑暗的故事能迎来曙光和大反转，于是，靠着程婴和赵武个人的隐忍与坚强，赵家完成了复仇，等来了正义。这就可以传达正义不会缺席的信念，给大伙儿苦难的生活点燃一丝希望之光。

史记原典

> 子必不绝赵祀，朔死不恨。
>
> ——《史记·赵世家》

译文 你一定不要让我们赵氏的祭祀断绝，我赵朔死了也没有遗憾了。

赏析 这是赵朔托付韩厥的一句话。成语"虽死不恨"，就是由赵朔创造的，表示虽然死了，但愿望已经满足。

史记小百科

赵家人其实姓嬴

"秦赵是一家"，这话其实是说，他们五百年前是一家。上古时期，他们的祖先名叫大费，曾跟大禹一起治水，舜帝就给大费赐了嬴姓作为奖赏。当时，姓是个不动产，不管子孙怎么开枝散叶，都会传承最初的姓。发展到商朝，其中一个嬴家人驾驶技术高超，成了商王的司机。嬴司机有个后代叫蜚廉，蜚廉有两个儿子，大的叫恶来，小的叫季胜。

商朝灭亡后，恶来因为给纣王打工被杀了，季胜领头转投了周老板。季胜的儿子很得周成王喜欢，孙子造父继承了祖上的手艺，成了周穆王的御用司机。传说周穆王去昆仑山见西王母，就是造父驾车去的。后来，徐国的徐偃王趁着周朝空虚造反，又是造父把马车飙到时速一百八，日行千里带周穆王赶回来，最终成功平叛。论功行赏时，周穆王把赵地给了造父。所以，他就以赵为氏了。至于秦人，那是恶来的后代发展来的。一开始，因为造父有功，嬴姓一家也跟着住在赵地，以赵为氏。直到出了个叫非子的人，他擅长养战略物资——马，周天子就给他赐了秦地，非子的后代从此就改成了秦氏。

秦和赵，都只是氏，他们真正的姓，还是嬴。

楚庄王
我带秤了，称称鼎有多重？

别人上班我摸鱼，我为华夏传历史。大家好，还是我，司马迁。

说了那么久的北方人，咱不能厚此薄彼，今天我们把视角换换，唠唠南方的楚国人。

作为配角，楚国在前面已经亮相好几次了，而且还是反面配角。他们不是被周天子打，就是被齐国人阻拦，或者被晋国人摩擦，是个全班同学合起来欺负的对象。楚国都干了啥呀，怎么这么不招人待见呢？

那年月，周朝带领的中原人非常有优越感，相应的就会带来严重的地域歧视。他们认为自己稳坐在天下之中，占着最好的资源，是文明的城里人，而四面那些老少边穷的偏远地区，都是野蛮落后的人，只懂打打杀杀，抢劫放火。所以，他们给四周人都取了一堆难听的外号，叫东夷、西戎、南蛮、北狄。楚国人是从荆棘里走出来的落后群众，他们生活在南边，跟一群被叫作"南蛮"的人混居。于是，大伙儿对他们的印象，也是一群张牙舞爪、龇牙咧嘴的野人。

　　楚国人很委屈。最开始，他们积极地向中原文明靠拢，拼命想加入城里人这个大群，可大伙儿都嫌他们土，不愿意带他们玩。这着实伤自尊。别人是打不过就加入，楚国是加入不了，那就打吧。于是，他们走了另外一条路线，以侵略者的姿态重新出场，每天胖揍周围那些周朝封的姬家人，让他们加入自己。可挨了打的中原诸侯也是有性格、有傲气的，打不过你，但嘴上不能输，到周天子那儿告状的时候，就直接把他们叫成楚蛮。这才有昭王南征楚国的事。

　　说起来，楚国人真是又可怜又可爱。楚国王族是熊氏，我们就把楚王叫熊大吧。前面说过，一位叫熊渠的熊大刊登了一则头版消息："我蛮夷也，不与中国之号谥。"你们不是说我楚蛮子吗，我还就自称蛮夷了。既然我是蛮夷，那我就不跟中原人一个称呼系统了，你们最高级的天子是王，嘿嘿，我也要称王喽！说完还把儿子们也都封了王位。

　　不过，这次称王没多久，到了周厉王那会儿，因为厉王做事比较不讲常规，熊大也怕遭打击，就悄悄撤回了王号。可楚国人不服周的心理，那是深深印刻进了 DNA 里。等下一个叫熊通的做了熊大时，又着急称王了，这就是楚武王。楚武王比祖宗熊渠还不讲武德，他连个借口都不找，就跑去打一个叫随国的姬姓国家。随侯很莫名其妙，我也没罪呀。楚武王的回答依然令人喷饭："我蛮夷也。"啥意思？我是蛮子，我没素质啊。平白无故当了那么多年蛮夷，不得符合一下名声吗？而且，打你就打你，难道还要挑日子？

　　其实，在楚武王这里，这不叫无缘无故。他是带着任务去打

大国热点

号外！号外！

独家报道——
本年度最炸裂新闻

楚国
一场关于王冠的盛宴

新势力崛起
王冠批发top1

青春组合——
"王者的王"
今日出道！

展现"蛮夷"之风
未来有更多可能

熊渠专访：

我蛮夷也，
不与中国之号谥。

人的 —— 要随侯去跟天子打申请，楚国要称王，看天子同意不。接了这么个开不了口的任务，随侯都愁成表情包了。真去问天子，肯定挨骂，不去吧，又一定挨打，只能硬着头皮跑一趟洛阳了。果然，喜提了天子劈头盖脸一顿臭骂，随侯只能回来汇报给楚武王。

这完全在熊大的意料之中，不过，他还是假装生气的样子，在臭骂了周天子不奖赏功臣后，正式称王。武王就是他给自己的称号。自此以后，楚国就用王号了，比到了战国才敢试探性称王的那些什么韩赵魏齐秦等，早了好几百年。

已经迈出了这一大步，接下来，楚国人的步子就迈得更大了。到一个叫楚庄王的熊大时期，他滋长出了一个小小的野心 —— 取代周朝，或者，试一下能不能取代。

既然要试探，就得投个石头问问路。楚庄王想到了一个妙招，打着为周天子清理边防危害的名头，出兵胖揍洛阳附近一个叫陆浑戎的少数民族。陆浑戎哪里是楚国这帮肌肉健将的对手？很快，楚军撵跑了陆浑戎，军队就进一步挺进到了洛阳郊外。

如果只是驻扎歇歇脚呢，周天子也不说什么，可楚庄王接下来又出难题给周人了 —— 他在郊外举行大阅兵活动。虽说周朝很衰很废，但谁敢到洛阳附近搞阅兵呀，这不是摆明了要吓唬天子吗？这要是搁以前，天子有难，八方支援，保准把楚国蛮子打跑。可现在，诸侯们并没有什么动静，一来不敢动，二来也想看看戏，于是大家集体静静地围观两边的表演。

还是受到小小威胁的周定王先出招了。既然楚国是尽守边义务来打仗，那天子就该犒赏呀。定王派出一个口语表达能力满级的人 —— 王孙满，出场应对这个局面，顺便看看他们到底要干啥。

楚庄王心说，直肠人不绕弯子，上来就问了一个性质严重的问题：摆在周朝的那九个鼎有多重呀？

啥意思？不懂没关系，这历史我熟呀，我来翻译翻译。

当初大禹治水成功，把天下划定为九个行政区，然后让九州人民献上铜，铸造出了九个大鼎，一个鼎代表一个大州，九鼎就是天下。传说，鼎上面还刻了九州的地图、特产等情况，完全是国之重器。大禹的遗产，自然传给了儿子启，所以九鼎就成了夏朝的大宝贝。再后来，前一个王朝灭了，九鼎就会被新的王朝搬到自己家里放着，象征拥有天下。周朝的九鼎就是这么来的。

楚庄王问九鼎有多重，很明显就是想搬搬，看能不能搞回自己家。

王孙满当然也知道熊大的潜台词，只用几个大字就轻松回答了："在德不在鼎。"你以为得天下真的是因为这九个鼎？现在山川风物都变了，天下也不止九个州，九鼎不过是个表面象征而已。真正能得天下的，还是靠德行。周朝取代商朝，就是因为商纣王太血腥残暴，武王"以暴易暴"地翦（jiǎn）商后，是周公一改画风，设置了一系列礼仪和道德规范，把周人变得文明、和谐、公正、诚信……所以周朝才能延续这么多年。

　　虽然王孙满文化拉满，表达有理有据，但楚庄王好像没听懂，继续把话题扣在九鼎上："你不要以为你们有九鼎了不起，我楚国人只要把刀剑的尖尖削下来拿去铸造，也可以打出九个鼎来。"好家伙，这算是又在炫耀武力了。两人可以说是鸡同鸭讲，完全不在一个频道。不过，熊大倒也没吹牛，他们坐拥湖北大冶的铜绿山，是真正的家里有矿，想制武器制武器，想打礼器打礼器，文的武的都拿得出手。

　　王孙满毕竟是首都人，见识过大场面，对熊大的恐吓根本不怕，他决定给这位"蛮子"讲讲历史，从鼎的铸造说到夏桀残暴，夏朝失鼎，被商人捡漏；又从商朝六百年说到纣王暴虐失鼎，被周人取得。然后他强调，如果天子道德好，鼎虽然小也没人搬得动；如果天子昏乱无德，鼎再重也能轻易被别人搬走。

　　说完这个道理，也不知道王孙满是不是现场杜撰，又讲了一段不为人知的小历史：当初周成

王把鼎放置好的时候，曾卜了一卦，询问周朝的寿命。卦辞说能传三十世，一共七百年。然后，王孙满眼神坚定地看向楚庄王："这是老天的命令。周朝德行虽然衰弱了一点儿，但天意还没变。九鼎的轻重，你还没资格问。"完美地展现了一通铿锵有力的外交辞令，以及真正的外交家是什么样的。

好家伙，高人竟在天子身边。楚庄王思考了片刻，果然是"周德虽衰，天命未改"，他们还有人才在呢，于是识趣地带着楚国的肌肉男们回家了。

虽然在这里没占到便宜，但楚庄王的风光还在后头，他就是接替晋文公的春秋第三霸，真正做到了"问鼎中原"。

史记原典

德之休明，虽小必重；其奸回昏乱，虽大必轻。

——《史记·楚世家》

译文 天子德行美好清明，鼎虽小，分量却重，谁也搬不动；天子如果奸恶昏乱，鼎虽然大，分量却轻。

赏析 上古时期，人们普遍认为老天是有主宰意识的，天子就是受到老天保佑的人。所以纣王尽管胡作非为，却自信地说："我不是有天命在吗？"周人不敢质疑老天，却给这个说法打了个补丁——老天让天子代自己管理人间，当然会保佑庇护他们，但天命不是固定不变的，会随着一个叫"德"的东西转移，如果不好好干，德行变差了，看到民间疾苦的老天也会选择换一届管理者的。

这种说法，算是给所有高高在上的统治者头上悬挂了一把利剑，是中国思想史上一个进步的创意。

湖北人常说的"不服周"是啥意思？

大家表达不服气、不甘心的时候，用的都是汉语标准词汇。湖北人却经常以一个陌生的"不服周"来表示。不服气就不服气，啥叫不服周？因为，两千多年前，楚国的主体就在湖北。

当年，楚国协助周朝灭商，论功行赏的时候却只得了个子爵，还被封在偏远落后的南方山区，造成了他们极大的心理落差。老实的他们一开始也曾想积极友好地投入中原怀抱，却一直遭拒，被各种打击和排斥。所以，自强自尊的楚人渐渐生出了逆反心理，周人算啥玩意儿？并发誓要跟周朝杠一杠。于是，历代楚国人从小就都有一个理念——不服周。这个词语在楚国就这样流行了几千年。

史记小百科

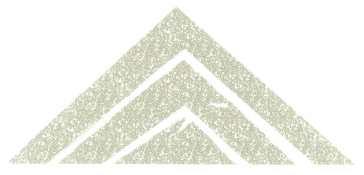

孙叔敖
为人民办实事

　　楚庄王从一个"南蛮子"，成功加入中原文明一家亲的大群，并挤进"五霸"之一，除了他历代祖宗们的努力，也离不开好大臣。明君和贤臣，这是清明时代必有的搭配。和楚庄王搭档的，是一个叫孙叔敖的落魄贵族。

　　很多书上都说，孙叔敖从小家里穷，是平民跨越阶级当上的宰相。但据我考证，他其实出自蔿（wěi）氏家族。这个家族来头很大，祖上是某任熊大。孙叔敖的另一个称呼就叫蔿敖。而且，他爹当过楚国的高官，后来在政治斗争中被杀，他家其实才刚刚落魄下去，他算是"穷一代"。

　　关于孙叔敖的童年，我在跟我爹同辈的大才子贾谊的书里曾看到过一则相关故事。小孙叔敖住在山区，山里嘛，总是蛇虫鼠

蚁聚集。有一次，孙叔敖在山间行走，前面突然出现了一条两头蛇。他差点儿吓哭，倒不是怕蛇有毒，而是家乡有个传说，两头蛇是死亡的象征，看见它的人都会死。

虽然又怕又难过，孙叔敖还是提起贵族不离身的大宝剑劈开了蛇，然后挖坑埋掉。埋完蛇，孙叔敖往回赶，回到家看见母亲时，早已是泪流满面了。母亲赶紧问发生了啥事，孙叔敖一边哭一边说："我今天看到两头蛇了，传说看见它就要死，我怕是要离母亲而去了。"母亲又问："蛇还在吗？"孙叔敖说："不是说见者就死吗？我怕别人看见它，它又害死一人，就把它给埋了。"孙叔敖的母亲也是个逻辑在线的，连忙安慰儿子："你不会死的。我听说，积德的人老天会给福报的。"

福报真的会有吗？如果以后面的事实看，好人还真有好报。

蒍敖家虽然没落，但身为楚王的后代，蒍氏一族早已开枝散叶，大家族里还有其他亲戚在政坛上活跃着。所以，这个从小就堪比别人家孩子的孙叔敖，好品德不断积累，很快就被人推荐到了楚庄王面前。

作为受过苦的孩子，孙叔敖比较了解民生，也知道老百姓种植的艰难。他进入政坛做的第一件事，就是兴修水利。现在的河南商城一带，靠近淮水，当时常常发生水患。有了团队后，孙叔敖亲自带队勘察地形，沟通水渠，灌溉农田，开垦荒野，让庄稼得以丰收。这就是中国最早的大型引水灌溉工程——期思雩娄（yú lóu）灌区。听说你们后人喜欢搞各种评选，有个叫"世界灌溉工程遗产"的项目，其中安徽寿县的"芍陂（què bēi）"，也是孙叔敖主持兴修的。

能提高民生经济，于是楚庄王破格提拔他当了令尹，也就是宰相。孙叔敖也不负众望，他为相的那些年，做的都是一些尽量少折腾百姓、提高大家生活水平的好事。

比方说，楚庄王嫌楚国的钱币太小太轻，于是一道法令，把小钱改成了大钱。这样一来，人们买东西时钱都找不开，市场就乱了，很多生意人都改行了。市场管理员向孙叔敖报告了这个情况，孙叔敖极力劝说楚庄王恢复原来的钱币，庄王同意了。命令下达三天后，市场便恢复了原来的秩序。

另外还有一件小事。当时，楚国的马车底盘都很矮，庄王觉得，这么矮的车子，和拉车的高头大马不太匹配，白白浪费不少马力，就准备下一道命令，让全国百姓对自家的马车进行改装，加高底盘。

孙叔敖赶忙阻止说："君王的命令不能频繁下达，这样会弄得百姓无所适从。大王如果想让大家加高马车，其实也可以想想别的办法。"楚庄王就问他："你有什么好办法？说来听听。"孙叔敖说："大王可以让各个居民区把里巷大门的门槛加高些。那些有私家马车的都是有身份的人，可不愿意进出都要下车。如果门槛都加高了，他们要想不下车，就只能加高车的底盘了。"

庄王一听，这个主意好，那还说什么，赶紧实施吧。半年之后，因为里巷大门的门槛都加高了，坐车的人们觉得很不方便，都自动把自家的马车底盘加高了。

这就是孙叔敖作为一名管理者的智慧，不需要给百姓下达硬性的命令，也能引导大家自然而然地跟着改变。

像孙叔敖这样踏实工作，为人民谋福的人，史书上通常不会有太多他的事迹。因为，他的工作太细碎，而且都不是轰轰烈烈的运动，要日积月累才能见效。这样的事，一句话就能概括。当然，一个优秀的政治家本来也就应该是这样。

　　不过，我还是要把他记录下来，让他成为后世的榜样。为了他，我还开创了一个叫《循吏列传》的专栏，算是移风易俗的好官的光荣榜。

史记原典

令数下，民不知所从，不可。

——《史记·循吏列传》

译文　大王多次颁布命令，搞得老百姓不知道听从哪个，这样不行。

史记小百科

鸿沟是怎么来的？

　　除了孙叔敖的水利工程，先秦时期还有不少修路挖河的大动作。比如，吴国人挖的邗（hán）沟，西门豹主持的漳河十二渠，以及魏惠王兴建的鸿沟。

　　我们形容和一个人距离很大，永远无法跨越，经常以鸿沟来比喻。原来，鸿沟并不是天然的水渠，而是人工挖出来的。战国时期，魏惠王为了把魏国打造成水路交通的核心，下令开凿鸿沟。这是一条沟通黄河和淮河的人工运河。把黄、淮之间的多条水路沟通连接，既可以灌溉沿路的农田，又可以让南北运输更便利。打仗的时候，后勤粮草走水路也要比陆路节省人力和成本。从秦汉到魏晋，这条河一直发挥着重要的运输作用。另外，楚汉争霸的时候，项羽和刘邦就曾以鸿沟为界，鸿沟以西是汉，以东是楚，所以，鸿沟又是著名的楚汉河界。

优孟
不要小看娱乐工作者

看完前面两篇，你对楚庄王这位熊大是什么印象？积极进取、志向远大、勤政亲贤的好领导？没错，这是他人生中的一面，但是……我司马迁是个喜欢看课外书的人，在一本叫《韩非子》的书里，我看到了这位伟大君王的另一面。

在登上王位之初，楚庄王几乎有个跟我们普通人一样的愿望——躺平，享受。《韩非子·喻老》里是这么说的：楚庄王即位后，从来不给大家发命令，也没啥新政策出台，拉着大家一起浑浑噩噩地过毫无作为的日子。直到有个人实在憋不住了，跑去找他打哑谜："南方有只鸟，三年不展翅一下，既不飞也不叫，默默无声地活着，这是只什么鸟？"

楚庄王什么人？那是秃头上长瘩子——明智（明痣），一听就知道对方是在暗讽自己，便解释说："这鸟三年不展翅，是为了等羽毛长全；不飞不叫，是在观察底下人到底是咋想的。别看他现在不飞，一飞起来必定冲上云霄；虽然现在没叫，等他叫的时候，全世界都要看着他。"

好家伙，原来这是个心思深沉的老板，合着是在试探底下员工对自己的忠诚度，看大家是不是跟自己一条心呢。

我想起年轻时壮游山河，亲自到湖北采访的一些故事小碎片，又把朝中籍贯属于楚国的老朋友叫出来聊一聊，万万没想到，每个人都是历史素材的提供者，五花八门的精彩八卦都出来了。

他们不仅承认楚庄王当初曾荒唐过一阵，还把故事的角色都补全了。说楚庄王这人很过分，不仅贪玩，因为怕别人打扰，还下令，要是有敢来劝谏的人就杀无赦。但自古以来，爱国志士都不会少，那位不怕死敢来进谏的，就是伍子胥（xū）的祖宗伍举。

听完伍举的话，楚庄王很善于纳谏地表达了一飞冲天的志向，伍举以为任务达成，高兴地走了。结果没想到，庄王玩得比之前更嗨。眼看着大楚就要自此颓废，一个叫苏从的大夫又不怕死地来劝了。毕竟楚国不是楚王一个人的国家，而是历代先王辛苦建立起来的基业，爱护祖国，人人有责嘛。庄王这才不装了，赶紧收拾起那些丧志的鼓乐，开始上朝。

这个版本的故事更完整，也比较符合逻辑，于是我赶紧照录进了我的《太史公书》里。

接着，又有人提到了能证明楚庄王曾经不务正业的证人——优孟。他是个搞娱乐事业的，楚庄王的王家乐师兼宠臣。请注意，说优孟是娱乐圈的人，又是庄王的宠臣，并不代表他是个反面典型，实际上，他完全是个楚国正能量代表。

说起优孟的事迹，那真是些"查重率"很高的故事——和战国说客编的那些套路一样一样的。

话说，优孟是个好演员，身高八尺，大约是一米八以上，口才很好，风趣幽默，还特别正直，经常能以正话反说的方式规劝楚庄王。

比方说，楚庄王有匹爱马，为了彰显王的财力，马的吃穿用度比一般的人还奢华。因为营养太好，马胖得差点儿变成猪，最终也因为太胖而病死了。庄王很伤心，准备给马举办隆重的追悼会，以大夫的礼仪下葬。楚国有的是忠臣，大家都觉得大王太荒唐了，争着来劝，但庄王一句话就堵死了所有人的嘴："谁敢再劝这事，就跟马一起去吧。"

正面的不行，只能用歪路子了。优孟听说后，知道自己出场的时刻到了。那天，他走到殿门口就开始扯开嗓子仰天大哭，声音直穿进王宫，庄王忙问发生了啥事。优孟开始脱口秀："这马可是大王的宝贝啊，楚国这么大，什么办不到？用大夫的礼下葬，简直太亏待它了。我请求用君王的礼将其下葬。"

庄王好像不知道优孟在讽刺一样，接茬问，那应该怎么搞？优孟于是滔滔不绝地说了一堆夸张到极致的送葬待遇：用雕花的美玉和名贵的梓木做里外两重的棺材，派士兵挖坑，老人和孩子背土，齐国赵国的使者在前面开路，韩国魏国的使者在后面护卫，还要给马建个祠庙，用猪牛羊三牲顶配来祭祀，再迁一万户人家过来，世世代代给它守坟。最后，他总结说："这样大家就都知道我们大王轻贱人而重视马了。"

他好像在讽刺我，而且我也有证据。怎么办？庄王决定还是装傻："哎呀，我错了，错了。那你说说该把我的爱马怎么办？"

优孟微微一笑："好办啊。就用葬其他畜生的方法葬呗。用土灶当外棺，用铜锅当棺材，撒点儿姜枣，再放点儿木兰调味，配上稻米饭，烧一把火做它的衣服，把它埋在人的肚子里。"啧，原来优孟是想吃马肉了。不过，庄王闻过则改，采纳了建议。

　　还有一个故事，也可以体现优孟的优秀。这次是跟孙叔敖有关的。不过，这会儿孙叔敖已经为国操劳多年，病死了。虽然做了多年相爷，但孙叔敖也是位"清廉居士"。死前，他叮嘱儿子说："等我死了，你一定会很贫困，到时候你去找优孟就行了。"

　　过了几年，孙叔敖的儿子果然穷得只能当樵夫，有一天撞见了优孟，就赶紧跟他说了爹的嘱咐。优孟领悟，回到家里就做了

孙叔敖的衣服和帽子，开始模仿他说话。一年后，无论妆容还是形体表演，他都达到了孙叔敖复活的精度。于是，好戏开台。

　　选了个庄王过生日大办宴席的日子，优孟化妆成孙叔敖前来祝寿。庄王大吃一惊，天啊，这是令尹又活过来了吗？来来来，赶紧再来给我当令尹。优孟说："那

我得回家跟老婆商量商量，三天后再给您答复。"

三天后，优孟又来了。庄王问情况怎么样，优孟表示，我老婆不答应啊。理由是，当楚相没意思，当得像孙叔敖那么好，辅佐大王称霸，死了以后，儿子穷得只能砍柴。说完，他又给庄王来了段清唱，歌词大意是：贪官和清官都不好做。

庄王终于知道优孟拐着弯的意思了，赶紧召见了孙叔敖的儿子，封了他三百户地收税。

故事讲完了，不过，这两则江湖传说的真实性其实都不太可靠。葬马的故事里，优孟把齐、赵、韩、魏放在一起说，显然是指韩赵魏三家已经分了晋国，建立国家了。那是春秋末年的事。而楚庄王生活在春秋中期呢，优孟怎么可能预先知道韩赵魏的未来，把他们当诸侯呢？

孙叔敖儿子的事就更离谱了。我再强调一遍，孙叔敖出自楚国大族蒍氏，孙叔敖只是他的字和名。他死后，蒍氏又出了不少大人物，比如他侄子蒍子冯成了楚国新令尹，侄孙蒍掩当了司马，还有亲戚当过太宰……可以说满门都富贵。而当时是宗族社会，一个家族一荣俱荣，一损俱损，有当相爷的侄子，他儿子怎么也不会突然落魄成樵夫。

那么，我为什么要这么记录？你看我把优孟的事写进《滑稽列传》，就知道这事只能当个道听途说的八卦，不能信以为真哟。而各地的传说，也算一家之言，如果有哲理，我将这些智慧流传下来，不也是中华文明的精髓吗？

史记原典

> 山居耕田苦，难以得食。起而为吏，身贪鄙者余财，不顾耻辱。身死家室富，又恐受赇（qiú）枉法，为奸触大罪，身死而家灭。贪吏安可为也！念为廉吏，奉法守职，竟死不敢为非。廉吏安可为也！
>
> ——《史记·滑稽列传》

译文 在山里耕田很辛苦，还难以饱腹。去当小官吏，如果中饱私囊，不顾廉耻，干到死，家里是能积累财物，可是又害怕被查出来枉法，犯了大罪，自己身死，可能还要连累家族。哪里能当贪官啊！如果做廉洁的清官，兢兢业业勤俭奉公，到死也不敢做一点儿坏事。这清官也不能做啊。

赏析 这段就是优孟唱给楚庄王的歌词。优孟对为官贪或廉进行辩证性分析，贪官有贪官的快乐和担忧，清官有清官的无愧和难熬。先秦有一首《慷慨歌》，更清楚地点明了两者的利弊，大概就改编自优孟歌，歌词如下：

贪吏而可为而不可为，廉吏而可为而不可为。贪吏而不可为者，当时有污名，而可为者，子孙以家成。廉吏而可为者，当时有清名，而不可为者，子孙困穷被褐而负薪。贪吏常苦富，廉吏常苦贫。独不见楚相孙叔敖，廉洁不受钱。

先秦时期，人的称呼是先字后名？

正文里说，孙叔敖这个称呼，孙叔是字，敖是名。这其实是先秦时不太常见的称呼法，当时男人的称呼一般都是氏＋名。但孙叔敖的这个叫法，也生出了一个好玩的疑问，当时的人名字连在一起叫的时候，难道是字在前、名在后吗？

查查看，还真是。比如，孔子的祖宗孔父嘉，孔父是字，嘉是他的大名。孔子的爹叔梁纥（hé），叔梁是字，纥是名。楚国人子越椒，子越是字，椒是名。

看来，当时并没有"名字"的概念，真要连在一起，也是用"字名"相称。后来，姓氏合流，报名号的时候才习惯说"我姓甚名谁字什么"。

史记文学小课堂 - 人物刻画

为小人物作传

古代很多王侯将相、文人志士，他们的理想是做出一番大事业，在史书上留下自己的名字。大部分史书上记录的也是这些有着举足轻重的历史地位、深刻影响了历史发展进程的大人物的故事。

而司马迁除了记录大人物，在《史记》中还写了很多小人物的故事，甚至会专门设立篇目，为小人物作传。比如一些刺客、游侠、宫廷艺人、商人、算命师，在古代都是社会地位很低的人物，因为司马迁的记录，他们凭着优秀的品德、卓越的见识或是一技之长，赢得了读者的肯定和喜爱，他们的名字和故事也流传到了今天。

孔子
世界有你，真了不起！

哈喽，我太史公又来更新我的《太史公书》了。一个渺小的我，今天要和你们说说伟大的孔子。

我前面解释过"世家"的意思，如果翻过《史记》的目录，你可能要杠了：孔子又没有被分封，没有世世代代传承爵位的家族，为什么我要把孔子这篇的标题叫《孔子世家》呢？

嘿嘿，理由很简单，我太佩服他老人家了。

因为敬仰，二十岁周游的时候，我曾去了一趟鲁国。我参观了后人给孔子建的庙，摸了摸他坐过的车、穿过的衣服和敲击过的乐器。在那个他生活过的地方，想象他当年的喜怒哀乐，感受他让人如沐春风的气息。很巧的是，我到的那会儿，刚好碰上有学生在老夫子当年教书的地方演习礼仪，这让我瞬间像穿越了时空。我在那儿流连了好几天，一直舍不得离开。

《诗经》里有句话说得好哇："高山仰止，景行行止。"高山会让人仰望，平坦大道能让人驰骋。我虽然达不到高山的地步，也无法生活在孔子的时代受他教诲，但我心里始终对他保持着向往！

好了，如果我一直这么对孔老夫子吹彩虹屁，这故事就多少有点儿单调了。我还是带领大家速览一遍孔子的人生吧。

孔子名丘字仲尼，这个大家都知道。他爹叔梁纥去世得早，孔子对他几乎没有什么记忆。母亲颜徵（zhēng）在也没陪伴他多少年，在孔子十五六岁时，劳累过度去世了。少年孔子从单亲家庭变成了被遗弃在世间的孤儿，生活的凄凉困苦都不用我多渲染。为了养家糊口，孔子只能一个人打好几份工，主业是给季孙氏家里管仓库，还兼职丧礼的司仪之类的工作。真是穷人的孩子早当家呀。

我直接剧透了吧！严格来说，孔子整个青年和中年时期，其实都不太如意，在国内没混出头，去了趟外国，也没得到大展身手的机会，只能灰溜溜又跑回国。用老夫子自己的话说，一个人如果到了四十岁还没啥出息，又被人讨厌，那他这辈子也就这样了。如果出息的标准是做官，那孔子还真没达到。四十二岁那年，他也还只是个国家文化顾问，像人肉百科全书一样，经常被人问东问西。

不过，他的社会名望是够的。自从三十岁左右他做了个大胆的举动——开办学校，他的名气就像坐了太空天梯噌噌上升。因为教书方法新颖，有办法让知识迅速进脑，孔子学校很快就招揽到了国内外的老中青三代学子。而且，作为周礼指定传承人，他偶尔也会被鲁侯请去当个兼职的礼仪顾问，在外国人来访的时候充当接待和陪聊。再后来，知名校长、教育家、思想家的名誉头衔加持，鲁国官方感受到了孔子受欢迎的程度，带着官位找上了门。

这年孔子五十一岁。鲁国事实上的一把手季孙氏家里不太太平，老有家臣在背后捅刀子。季孙家长想到孔子喜欢讲那些"君君臣臣、父父子子"的社会和伦理关系，就想把他提拔上来，给整个国家的人做做思想教育，不要吃饱了没事就来反对自己的主子。这一刻，比孔子预期的出息晚了十来年。

"给我一个机会，我可以让全世界都看见我！"从中都的地方长官到法院院长大司寇，再到鲁国代国相，老夫子只用了几年时间。如果用一个词概括，那就是大器晚成吧！

不过，人生不光是起起落落，有时候还可能是起起落落落落

落。夫子主张"君君臣臣"，可季孙氏也是臣啊，不能因为鲁国是他说了算，就想当然地把自己当成了君，要所有人都效忠他。在夫子要理顺的"君臣"关系里，季孙氏这个偷了国君权力的人，显然也该将自己退回到臣子的位置上。

就这样，老夫子要尊君，自然就要得罪鲁国事实上的老大。于是，季孙氏给夫子来了一次冷暴力，联合所有人霸凌他、无视他、冷落他。孔子是多要脸的一个人，哪能忍受别人的蔑视。同时，他也怕季孙氏脾气上来会对付自己，于是赶紧递交辞呈，开启了"世界那么大，我要去转转"的流浪生涯。

卫国、郑国、曹国、宋国、陈国、蔡国、楚国……老夫子周游列国，其实就是在你们这会儿的山东和河南转悠。这一转就是整整十四年，人生有多少个十四年呢？何况是这样一个老者。这期间，夫子和弟子们颠沛流离，几次遇困，真是惊险万分。后来的人还为此创造了一个成语，叫孔席墨突，完整版是"孔席不暖，墨突不黔"。孔是孔子，墨是墨子，说他们在路上流浪，在一个地方席子都还没坐热、烟囱都还没烧黑就又要赶紧动身。想想夫子六十多岁还要受这样的苦，我鼻头都酸了。

然而，这也是我敬佩老夫子的地方。不管经历多少磨难，他始终没有改变志向，更不会降低自己的人格。

夫子被困在陈、蔡一带，粮食都断了好几天，弟子们饿得口吐酸水，不免都心生怨念。连信仰他的大弟子子路都怀疑，是不是夫子的道德不行，要不要降低一点儿要求，去适应世道？夫子完全不认可。有一句话说，识别一个人人品如何，不要看他顺风顺水的时候怎么做，要看他处在人生低谷的时候是不是也能坚守道德，不该做的坚决不做。

有人遭受困苦会一蹶（jué）不振，有人越挫越勇，还能在痛苦中呲（zā）摸出深刻的道理，成为文明之光。正是老夫子的这些精神，激励了至暗时刻的我。让遭受了残酷刑罚和莫大耻辱的我还有活着的勇气，奋笔疾书，写下了这本《太史公书》。正所谓，人固有一死，或重于泰山，或轻于鸿毛！我不能白白浪费了好不容易拿到的人生入场券。

公元前484年，流浪了十四年的夫子终于回到了故乡，被鲁国的新国君礼敬为"国老"——国家级退休干部。有事没事的时候，鲁哀公就要去找夫子聊聊天，聆听一下圣人的教诲。刚好，回来后的老夫子已经没心情当官了。他开始整理经典书籍，为大家保存可以流传的实体文明。《诗》《书》《礼》《易》《春秋》，我所读到的每一部经典，无不是夫子精心为我留下的财富。这笔财富，你们应该也很珍惜吧。

夫子虽然没有爵位，但他的弟子遍天下，他的学说世代有人学习和传承，比那些传个几代就因为失德而灭族的家族不更"世家"吗？天下的贤人、君王那么多，他们都不过在当时有荣耀，死后就没了。老夫子的排面就大多了。无论是天子还是王侯，哪个不认识他，谁不受他影响？在我心里，他的精神之火永不熄灭。

史记原典

高山仰止，景行行止。虽不能至，然心向往之。

——《史记·孔子世家》

译文 巍巍高山令人仰望，宽宽大道供人驰骋。我的道德学问虽然达不到这么高的境界，但心里一直向往着这个目标。

史记小百科

孔子竟然不是大"丈"夫？

《史记》记载，孔子身高"九尺有六寸"，当时的人都说他是"长人"。具体有多长呢？咱们现在的一尺是33.3厘米，当然了，不能以现在的度量去换算古人的尺，因为历代的度量都有变化。

据说周代的一尺约为23.1厘米，春秋时鲁国的一尺约为20.5厘米，比我们现在的短多了。不过，就算按这两个比例换算，孔子的身高也有二米二或一米九以上，在人群里绝对是显眼的大高个儿。然而，《说文解字》说："丈，十尺也。"这么看的话，九尺六寸的孔子竟然都不够"丈"夫呢！当然，这是玩笑。据说商朝的一尺约为17厘米，一丈为一米七，也算是成年男子的标准身高，孔子的实际身高应该是远超这个"丈夫"标准了。《穀梁传·文公十二年》则记载："男子二十而冠，冠而列丈夫。"男子只要成年，就都是丈夫啦。

吴太伯、季札

谁说偏远地区没有高风亮节？

　　看完了楚国，读过了孔子，让我们把摄像头往东南方向挪一挪，看看地图右下方的吴国。

　　吴国这地方，如果换成你们熟悉的行政区划，主体在江苏省，还占了一些安徽省的地盘。在当时那个以河南为主的时代，这里可以算是老少边穷了。不过，吴国的第一二代领导人并不是本地的，而是来自先进文明区域的代表。他们一个叫吴太伯，一个叫仲雍，是名副其实的周人。

　　前面我们已经说过很多遍了，伯和仲，都是兄弟里的排行。没错，看这称呼你就可以大胆猜测一下，他俩是对亲兄弟，也是周部落的公子。那是很久以前的故事了，还得拉回周朝没建国之前。

　　那会儿，周还只是商朝下属的一个部落或者方国，首领叫古公亶父，太伯就是他的长子。周部落应该很早就确定了嫡长子继承的规则，不久的将来，太伯应该会是下一任部落首领。然而，在日复一日的相处中，敏锐的太伯明显体会到了老父亲对最小的弟弟季历的偏爱，经常说什么"季历和他的儿子昌会带领我们周家兴盛"。那我走？懂事的太伯为了不让爹为难，主动放弃继承权，以离家出走的方式成全父亲和部落。老二仲雍见大哥都退了，自己也不好当捡漏王，干脆兄弟俩手拉手一起奔赴远方，开发蛮荒。

这一跑，就跑到了句（gōu）吴这个犄角旮旯。这里的人披散着头发，身上还纹着花样，一看就是没衣服穿的落后的野蛮人。不过，来都来了，凑合过吧！为了融入大家，太伯和仲雍决定索性也变一变吧。而且，解开头发，在身上纹各种样式，也算完全脱离周部落，彻底变成"野人"，更能表明他们放弃周部落继承人的决心。

就这样，兄弟俩安心在吴地待了下来。虽然是外来户，但太伯和仲雍都有技术在身——别忘了，他们的祖先可是"古代袁隆平"。作为周部落的贵公子，这项专利技术兄弟俩当然也掌握了。于是，他们一边加入吴地的生活，一边带着大家搞改革，日久年深的，终于把这里也改成了风吹稻花香两岸的鱼米之乡。谁给人民做贡献，人民就心甘情愿认谁当老大，太伯顺理成章地成了吴地的带头人。

太伯一辈子辛勤劳作，也没留个后代，仲雍就接了他的班，继续统领吴地。等后来周人革命成功，建立了大周，吴地的人也没有去寻亲认祖的冲动。毕竟，这么多年过去，他们已经成为穷亲戚了，也不知道人家还认不认呢。

事实证明，他们想错了。周朝建立后，熟悉家谱的武王派人去找伯祖们的下落。要不是他们当初的高觉悟，做出让国举动，天下也轮不到他这一支呀。上古那些曾经造福过天下苍生的帝王的后代，周人都要找到并分封给地盘，更何况是让国的伯祖们。

周朝的使者一路翻山越岭，终于来到了吴地，一交流，发现这里就是二伯祖仲雍的孙子们生活的地方。于是，武王大方地册命仲雍的后代统领吴国，并祭祀太伯，然后再在山西那一带辟出一块虞地，封给了吴国现任首领的弟弟，逢年过节给仲雍上供。之后，偏远的吴国就消失在了中原的视野之外，直到有个叫寿梦的人出现，他模仿隔壁楚国，也称王了。

寿梦称王，完全是分裂周朝的行为，我就不展开说了。让我惊喜的是他的儿子们。他有四个儿子，老大叫诸樊，老二余祭，老三余眜（mò），老四季札，四人几乎玩了一次太伯和仲雍的翻版故事。

　　季札是兄弟四人里最有才华，人品又最好的。寿梦很喜欢他，就想让他当继承人。可面对这个馋哭不少人的王位，季札完全不心动，他拒绝了。没办法，王位大礼没送出去，寿梦又快死了，总不能让它空着吧，只好叫老大诸樊接手。

　　如果按那些兄弟相残的故事，诸樊上台，这位被公开许国的小老弟季札还能有好日子吗？事实是，他安全得很，还待在国内给老爹开了追悼会。一段时间后，大家把丧服一脱，主持完丧礼的大哥诸樊找到四弟季札，还是要把王位让给他。

　　同学们可以猜猜，有没有一种可能，季札前面的让国只是做做样子，然后愉快地接受王位？盲猜时间结束，公布答案：当然还是没有。不但不接受，这次他还说出了理由。原来，季札有个小偶像，他要向人家学习。偶像是曹国的一个公子。曹国某任领导去世后，他的继承人是个万人嫌，国内的人就打算立一个作风

优良的公子做国君。曹公子心说灾祸莫挨我，又怕大家坚持，就和当初的太伯他们一样，溜之大吉了。君子们听说后，纷纷给曹公子点赞。季札表示："我季札虽然没啥才能，但我愿意当曹公子一样的人。"

　　话都说到这个份上，大哥和有些贵族还是坚持想把季札扶上去，季札只好也学曹公子溜了，然后找了个农家乐，效仿老祖宗耕田去了。见弟弟这么坚决，诸樊没办法，只好自己上台了。当了十三年吴王，诸樊死在任上，死前，他还是没忘记老爹的志愿，想把王位传给四弟。但他也知道，四弟那吃了秤砣的心还是会拒绝三连，于是，他用最后的脑细胞想了一个妙招：王位不按子承父业传了，他要传给二弟，然后依次兄终弟及。如果季札够长寿，总有一天还会到他手里。

瞧瞧这兄弟，品行多高尚？

诸樊是完成了自己这一环，但这中间其实还有不少风险，老二、老三，也能和老大一条心吗？即使他们和季札是一个爹生的，有一样的性情，但谁能保证他们的一群儿子会不会中途抢一波呢？只要任意一个有野心，这传位顺序就要被破坏。

事实证明我的担心多余了，余祭和余眜这两王匆匆过渡完，也要把王位传给季札。可问题是，即使后面没人了，季札也依然不肯接手。他又一次跑路了，好像这王位就是块烧红的烙铁，坚决不能烫了自己的手。

如果说季札第一次让国，美名只在国内流传，后来的几次谦让，新闻随便一轮播，他就上了头版头条，名扬国际了。越是这样，吴国老百姓就越对他充满了期待。你想，一个对王位都不心动的人，他如果当了国王，肯定不会为了一己私

欲搞贪污腐败，做一系列伤民的事。或者说得更直白点儿，连王位都不要，他还有这种世俗的欲望吗？那必定是个好领导呀。可惜，季札真没有这种世俗的欲望，不是他的，他坚决不拿。

吴国人又没招了，只好恢复父死子继的传统，让余昧的儿子当了王。

一个偏远地区的吴国，竟然接连闪现这种人类品德的高光时刻，没别的话说，我把他们记下来，羞愧死那些为了王位，父子兄弟杀得头破血流的人。

史记原典

> 延陵季子之仁心，慕义无穷，见微而知清浊。呜呼，又何其闳览博物君子也！
>
> ——《史记·吴太伯世家》

译文 延陵季子（季札）心怀仁爱，追求道义没有止境，能够从细微的迹象中辨别事物的是非清浊。啊，他还是一个见多识广、博学多知的君子呢！

季札挂剑，挂给谁了？

季札是"野蛮"的吴国出色的文化代表，拒绝了王位后，他开始完成自己"周游列国"的理想。

刚出吴国，往北到达的第一个国家是徐国。来者即是客，徐君很隆重地招待了季札，两人相聊甚欢。不过，在聊天过程中，徐君的眼神一直往季札腰间瞟。不是说非礼勿视吗？怎么还玩偷瞄呢。原来，他瞟的是季札身上的宝剑。季札看了看宝剑，又望了望徐君，心下明白，但也没啥表示。因为，他还要去好多国家呢。而那会儿的君子，人人都要佩剑，这是身份象征。不过，季札其实已经在心里决定了，等回来的时候，就把宝剑送给这位新朋友。

可是，转了一圈回来后，徐君已经死了。有些人有些事，真是一转身就是一辈子。随后，季札蹒跚山野，找到徐君的墓，解下佩剑挂在了坟头的树上。手下跟班忍不住好奇，人家生前你不给，现在死了，又给谁呢？季札说："我心里早就打算给他了，怎么能因为他死了而违背我的初心呢？"

伍子胥
记仇使人变态

哈喽，朋友们，长知识之旅继续环游在先秦，今天，我们来说说大名鼎鼎的伍员（yún）。

伍员是谁呀？也许很多人露出了迷茫的表情。别急，我保证他是个人尽皆知的人物。他字子胥，没错，我们熟悉的是他的字。

伍子胥是楚国人，他爹伍奢是楚国大夫，爷爷伍举和太爷爷伍参都给楚庄王打工。生于楚，长于楚，亲朋好友们也都在楚国，不出意外的话，这里也是他将来要报效的地方。但意外很快就来了。

他爹伍奢是楚平王之子太子建的老师，可这段时间，楚王父子关系搞得不太好。原因是一件非常狗血的事：平王为太子娶的秦国公主，在宠臣费无忌的怂恿下，被他自己笑纳了。平王干完缺德事，心里多少有点儿愧疚。天长日久的，愧疚的心理也会变质，驱使人变成回避型人格，渐渐回避自己的问题，把责任推到对方身上。然后，他无论做什么，你都觉得他不安好心，或者在密谋报复。嫌隙就此越来越大。

费无忌摸透了领导心理，上蹿下跳挑唆平王和太子的关系。此时此刻，别说费无忌的离间如此卖力，就算只出三分力，平王也会十分相信。要是太子和老师伍奢被赶跑了，费无忌跟领导说悄悄话的机会不就更多了吗？拿捏了平王的心态后，费无忌也不装了，开门见山地举报两人造反。还是那份愧疚到变味的心理作祟，平王很相信费无忌的"费话"，把伍奢喊来求证。面对飞来黑锅，耿直的伍奢不想解释，不求明鉴，上来就是一句指责："大王你做错一件事已经够了吧，还要再信谗言？"被揭老底的楚王尴尬得只想用脚抠地，抠完才猛地回想，怎么伍奢敢有这猖狂态度，那肯定是真想造反呀。那就……来呀，押入大牢！

太子有线人通风报信，及时逃走，伍奢一家就没这么幸运了。伍奢被囚禁起来，同时，在费无忌的安排下，平王召伍奢的两个儿子入宫，并宣称他们来了就放爹。伍奢的两个儿子识破诡计，但眼前的局面也是真的很难破解。大哥伍尚盘算了一通，如果兄弟俩都不去，他们就会背上害死爹的恶名，去了，那是必死之约，他又不甘心。最终，他想到了一个解决方案，他去死，成全忠义；伍子胥留下来做更艰难的报仇，完成孝道。

明知此一别就是阴阳永隔，伍子胥没有阻拦，握紧拳头，与大哥分道扬镳。

孔子说，对杀父母的仇人，如果不杀掉他，这辈子就先别干其他事了。决不能跟仇人共同生活在一个世界上，只要遇到仇人，甭管手里有没有家伙，一定要勇往直前，干掉他！这也是伍子胥现在的想法。

得知太子在宋国，伍子胥便逃去宋国，又和太子逃到郑国。太子因为想联合晋国灭郑被杀后，伍子胥选择投奔楚国隔壁的吴国。通常邻居都是世仇，吴楚离得近，借他们反攻楚国也更容易。吴国这会儿的老大单名一个僚字，是前面余眜的儿子。王僚很重视伍子胥这个大国"引进"人才，报仇心切的伍子胥也不客气，上来就列举了一堆攻打楚国的好处。吴王还在托腮思考，场上忽然响起反对声。说话的是王僚的堂兄弟，诸樊的儿子，人称公子光。他尖锐地指出，伍子胥不是为吴国着想，而是想让吴国的士兵抛头颅洒热血，为他自己报私仇。

伍子胥回头看了公子光一眼，确认过眼神，知道他是搞事情的人，有点儿后悔自己忘了搞搞情报工作。出门后，他赶紧去打听了吴国复杂的政治局面，原来里面故事大着呢。

吴太伯和季札让国的故事，让人误以为吴国是个君子国，万万没想到，原来他们也有阴暗的一面。季札死活不肯当王，王僚成功上位，这让公子光气不打一处来。掰着手指头捋捋，如果不是因为四叔季札，按国际通用的继承法则，这王位本来就应该是诸樊家代代相承，怎么也轮不到旁支。公子光认为做人不能太吃亏，要阴谋夺回属于自己的位子。上代互让，这代互杀，有时候，品德这东西就像打印机的墨水，用完了就没有了。

打听到这些弯弯绕绕，伍子胥拿出心里那杆秤，对王僚和公子光进行了掂量，发现公子光这人心狠手辣，更适合成大事，于是决定助他一臂之力。

接下来是个名场面。在伍子胥的推荐和谋划下，公子光安排名刺客专诸化身烧烤大师，把匕首藏在烤鱼肚子里，趁着上菜的机会完成了刺杀王僚的大任。

得手后的公子光先把自己伪装成正义之士，要将王位重新让给四叔。季札一整个震惊：我本来就不想要，何必杀个侄子再让给我？还是拒绝三连。于是，公子光"万般无奈"地自己登上宝座，人称吴王阖闾（hé lú）。

不过，阖闾的成功并没有让伍子胥太过激动，因为楚国传来了噩耗——楚平王和费无忌都不争气地在此之前主动谢世了。

嘶……仇人死了，不应该是比超市大减价还好的好消息吗，怎么还是噩耗呢？对伍子胥来说当然是噩耗。你主动死，和我报仇折磨死你，完全是两码事呀。他辛苦搅动吴国局面，为的就是有一天反攻楚国，活捉费无忌，看楚平王成为阶下囚……现如今，顿时像身体被掏空，人生都失去了意义。

不过，计划都开始了，也就没有回头路。荣登吴王宝座的阖闾也打算履行合同，帮伍子胥完成当初的心愿。于是，伍子胥重新梳理了仇恨的线索：楚平王和费无忌死了，但他们还有后人呀。还有，父兄被杀的时候，整个楚国没一个人为他们说一句话……所以，他要把仇恨放大，无差别地怨恨楚国每一个人。

重新找到小目标的伍子胥迅速归队，一边帮忙治国，一边推荐兵圣孙武为吴国练兵。没了当初的迫切，他反而沉浸了下来，安安心心地给吴国打了十年工。终于，公元前506年，吴王阖闾点兵三万出征，在柏举打败了楚国。楚国全员大逃亡，吴军开进楚国的首都，占地的占地，抢钱的抢钱，并在楚

王繁华的宫殿里开狂欢派对。

当吴国人享受胜利的果实时，伍子胥也来享受自己的胜利了。他来到城外，找到楚平王的墓。随后，他掘坟鞭尸，狠狠地将早已死透的平王鞭打了三百下。对于大仇得报的伍子胥来说，这一刻应该是极度舒适。

不过，我与朋友们讨论这个话题时，其实不少人对伍子胥的复仇是持批评态度的。大家都是儒门弟子，并不反对孔夫子主张的要报杀父之仇，也赞扬伍子胥的君子报仇十几年不晚的毅力。可是，有人从另一个角度提出一个观点，夫子提倡的杀父之仇不共戴天，说的只是针对仇人本身，并不涉及其他无辜呀。将自己身上的不公命运，进一步扩散并亲手制造了更多苦难，让楚国的无辜群众和吴国在战争中牺牲的士兵都为他付出代价，这何尝不是屠龙少年终成恶龙呢？毕竟，正义从来是端正的，不是过度。

可惜，伍子胥被仇恨蒙蔽多年，已经变成了一个充满戾气的人。这种性格，终于也为他自己埋下了炸弹。等吴王阖闾光荣成为祖先后，太子夫差登上王位，情况不同了。伍子胥把阖闾当成朋友，对夫差自然就像朋友家的小孩，而不是一个君王，所以说话时总是毫不客气，甚至直呼其名，指指点点。这让夫差很不爽。比起那些会说过年话的大臣，伍子胥就像一块老旧的抹布，又臭又讨人嫌。

伍子胥固然没藏什么私心，总是以犀利的眼光看出问题的本质，可他太过"跋扈"，一旦意见不被接受，就惊呼吴国要完，这种作风确实让人难以接受他话里的道理。君臣二人对峙多年后，最终还是权力压死人，夫差丢出一把剑，送伍子胥上了黄泉路。

对君王来说，天下人才济济，忠臣俯拾皆是，让我不爽了，对不起，走你！

人众者胜天，天定亦能破人。

——《史记·伍子胥列传》

译文 人多虽然有时候可以胜天，但天发怒了一定能毁灭人。

赏析 中国历史上有不少壮志豪情之语，比如自信爆棚的"人定胜天"。其实，这个"天"更多时候可以换成自然。自然造就了万物，人力，甚至人所筑造的钢筋水泥，在自然面前都是脆弱的。所以，这类壮志可以有，但还是要敬畏自然。

端午节纪念谁?

端午节是为了纪念谁?除了大家熟知的屈原,还有纪念伍子胥、曹娥等多种说法。

传说伍子胥死后,吴王夫差下令将他的尸体抛入江中,这一天是五月初五。后世的人们划龙舟、往江中投粽子是为了纪念伍子胥。

曹娥是东汉时浙江一带人,她爹是个男巫,专门管祝祷和祭祀。汉顺帝汉安二年(143年)的五月五日,县里按风俗逆江迎神,这是曹娥她爹的工作。结果划船的船夫技术不好,曹父竟然淹死在江里了。当时水大,连尸体都没找到。曹娥时年十四岁,沿着江岸边没日没夜地为父哭丧,看父亲的尸首会不会漂上来。一连走了十七天,还是没看见尸身,曹娥绝望之下投江自杀了。

还有一种更离奇的改编,说曹娥投江是为了找父亲的遗体,十七天后,她抱着父亲的尸身浮出水面,两个人都死了。曹娥的举动感动了县长老爷,为她改葬,还立了孝碑。等范晔写《后汉书》时,就把她列入了《列女传》。

因为曹娥的故事也和日期五月初五以及水有关,她也成了端午节纪念的历史人物之一。

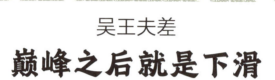

吴王夫差

巅峰之后就是下滑

吴王夫差已经出场，我们索性把他说完。因为，在有些评论家眼里，他也是"春秋五霸"天团里的一员。

说夫差之前，先把吴国的坑填上。比起邻居楚国，吴国其实还有个更大的仇人，就是它东南方向的越国。这两个国家一个在江苏省，一个在浙江省，当时都算落后

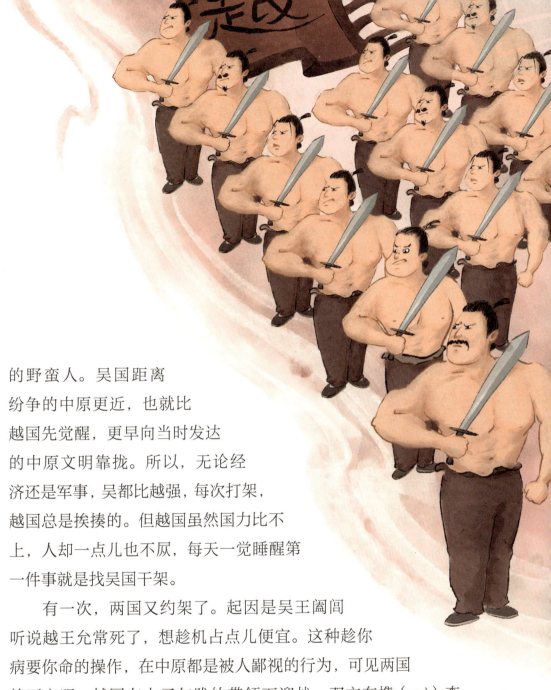

的野蛮人。吴国距离
纷争的中原更近，也就比
越国先觉醒，更早向当时发达
的中原文明靠拢。所以，无论经
济还是军事，吴都比越强，每次打架，
越国总是挨揍的。但越国虽然国力比不
上，人却一点儿也不尿，每天一觉睡醒第
一件事就是找吴国干架。

　　有一次，两国又约架了。起因是吴王阖闾
听说越王允常死了，想趁机占点儿便宜。这种趁你
病要你命的操作，在中原都是被人鄙视的行为，可见两国
的不文明。越国在太子勾践的带领下迎战，双方在檇（zuì）李
摆开阵势。放眼望去，吴军排列有序，整装待战，越国人则松松
垮垮、歪歪斜斜地站在那儿。事出反常必有妖，这次勾践其实憋
了个狠招。

　　双方还没开打呢，只见越军中走出三排上身赤裸、气势汹汹
的劳改犯。吴军不知道越人想干啥，纷纷放松警惕进入看戏模式。

忽然，劳改犯个个横眉怒目，同时举起手里的剑对准自己的脖子。这是……真玩命？吴国人吃瓜的热情更高了。随着一阵阵刺啦声，数千劳改犯真的抹脖子自杀了，一时间鲜血四溅。

吴军倒吸了一口凉气，虽说上了战场都是"生死局"，但谁也没见过自杀的神操作，无不震惊。正当吴军还没回过神来，勾践一声令下，越军出动，冲散早已不成阵形的吴军，大败吴人。更倒霉的是，阖闾在乱军中被一个越国将领刺中脚趾，撤退的路上就因为失血过多死了。这一战，越国终于扳回一局。

越国出气，吴国就会憋屈。不可一世的阖闾临死前派人对夫差说了一段遗命："夫差，你忘了越王杀了你爹吗？"夫差忙表示"不敢忘"。

守完三年大孝，夫差决定着手完成小目标。这三年里，夫差也算励志青年，积极搞军备训练，天天跟士兵们渲染前任国君死亡的耻辱。所谓"知耻而后勇"，吴国汉子的刀剑早就饥渴难耐了。选了个最佳日期，吴越在太湖一带的夫椒交战，越国惨败，勾践认怂，自请为吴王当牛做马。

就这一出复仇戏，夫差有志青年的形象已经立住。而且，他还很大度，接受了越国的投降，没有赶尽杀绝。你可能会说，打了胜仗的夫差一定是飘了，有句话叫"对敌人的仁慈就是对自己的残忍"呀。但是别忘了，这是春秋。春秋时期的主流秩序是什么？争霸。一个霸主，可以用武力服人，却不能炫耀武功，轻易灭亡别人的国家。当时流行着一个词叫"存亡继绝"，意思是，得让别人死去的祖先有后代可以继续奉祀。所以，夫差的做法完全符合当时的社会道义。

而他的野心，也不在于灭亡一两个邻居，他要争的，是国际名声，是当世界霸主。很快，夫差开始了征服世界之旅，并一路火花带闪电地成功敲打了各路诸侯，连曾经的霸主齐国和楚国都被收拾得妥妥帖帖。夫差的成功不仅因为拳头硬，还有天时地利人和全方位助攻。当时正是中原的权力真空期，争霸近百年的晋楚卷不动了，进入了内耗环节，自然没法抵挡来势汹汹的吴军。现在，想成为霸主，就差收拾晋国了。

于是，夫差来了，还带着他的大军和小弟鲁国，以及周天子家的代表。晋国赶紧招待，两国首脑在一个叫黄池的地方开会。

会议在和谐愉快的气氛中开始，两国元首亲切会谈，就彼此关心的问题交流了看法，并送上了美好的祝福。可接下来的歃（shà）血结盟环节，气氛就没那么友好了。

因为，歃完血，就得分出谁来"执牛耳"，成为下一届公认的大哥。夫差是一路从家门口打到这里的，理所当然以为自己就该是霸主。晋国此时的话事人是赵武的后代赵鞅，见吴国人敢来中原耍横，他第一个不同意："我们晋国历来是中原大哥，凭什么你来啊？"

　　夫差开始讲历史，认为论资排辈也该是自己当老大："我们吴国是什么来头？吴太伯和仲雍，那是周朝开国天子周文王的大爷和二大爷，他们是为了让位给小弟季历，也就是周文王的爹，这才跑到了吴地。也就是说，我们吴国在周天子那儿都是老大。"

　　晋定公没辈分可排，就用曾经的拳头说话："我晋国一直是霸主。"意思是，咱也从没宣布晋国从霸主位子上跌下来了呀，咋就轮到你吴国？

　　双方僵持不下，那么，只能重新掰手腕了。夫差带来的大军在外候着，赵鞅也连忙集结军队，准备来场男人的较量。

　　可是，写到这里我就犯难了。这两位到底谁当了大哥？古籍和采访地给的结果都不一样。吴国的旧闻说，是夫差当了霸主。晋国和赵地的人则说，赵鞅一说要整队开打，夫差就尿了，继续让晋定公当了大哥。他们还给出了夫差认尿的原因——老家着火了。曾在夫差面前低调装孙子的越王勾践忍辱负重完毕，趁对面空虚偷袭了他们老家，连吴国太子都成了肉票。夫差来了一套捂嘴法，杀了报消息的人，想抓紧时间开完会混个霸主当当，现在如果真要打架，哪里还有底气？

　　双方明显都在往对自己有利的方向宣传，我只好继续疯狂检索古籍。成书比较早的《国语》里，写的是夫差用带来的军队威胁了一顿赵鞅，赵鞅吓得让吴王当了霸主。专门写春秋历史的《左传》，给的是个模棱两可的结局，"乃先晋人"。到底是吴国先于晋国歃血，还是先让晋国歃血呢？这都怪我们这会儿说话不爱说主语。不过，根据也在会议现场的鲁国人的反应，应该确实是夫差当了霸主。

对这种有争议的历史，我的处理手法一向很先进：我把它们都写下来，让大家看书时自己去分辨。这不，我的《吴太伯世家》和《晋世家》《赵世家》，就分别记了不同的版本。这可不是我写错了哟。

就这样，夫差也光荣挤进了春秋最闪耀的男团。可惜，这个大哥当得很没底气，还没来得及在江湖上炫耀一下，夫差就灰溜溜地赶回国，对抄了他老家的越国低头赔礼。之后几年，越国不断摩擦吴国，终于把它在春秋版图上擦掉了。夫差不想求饶，拔剑自刎而死。

史记原典

食不重味，衣不重采。

——《史记·吴太伯世家》

译文 吃饭没有第二道菜，衣服不穿有两种颜色的。

赏析 这是伍子胥劝夫差不能放过勾践时说的话。伍子胥以勾践吃苦耐劳的品质，警告吴王应该先收服邻居再出去打天下，可夫差不肯听，最终留给后代的只有这两个成语和一些深思。

春秋吴王夫差盉，是为西施打造的吗？

在上海博物馆里，珍藏着一件吴王夫差铸造的青铜器皿，这东西有嘴有脚有盖有提梁，还有一个圆滚滚的大肚子，现在把它叫"吴王夫差盉（hé）"。

怎么确定它是夫差的东西？因为，盉里写字了。经过专家解读，里面的十二个大字为"吴王夫差吴金铸女子之器吉"。古人铸造器皿，通常都会写清楚是谁为谁造的，不少青铜器就是这样找到的主人。这段文字，意思是该盉是夫差为一个女子打造的。和夫差有关的女子，中国人都知道，那就是大名鼎鼎的间谍西施了。莫非这是夫差对西施爱的见证？虽然西施的故事在中国流传很广，但其实史书上并没有她的身影。这个盉的真正主人，我们现在完全没法找到了。不过，大胆想象一下，如果浪漫化一点儿，它是为夫差的爱妃打的；如果温情化一点儿，可能是夫差为出嫁的女儿准备的。

越王勾践
勾践复国，特别能吃苦

　　失败的勾践是怎么完成逆袭，偷袭夫差老家的？接下来让我把来龙去脉补全。

　　夫差和勾践是经典对手，只相杀，不相爱。作为江南老乡，吴越两国充分表现了"老乡老乡，背后刀枪"的经典相处模式。我能追考到的吴越首次交锋，就是前面勾践的老父亲允常去世，夫差的老父亲阖闾违背"礼不伐丧"的周礼条约，趁着越国办追悼会玩偷袭。正所谓，偷鸡不成蚀把米，阖闾是偷袭不成折条命。然后，就来到了夫差开启"996"工作氛围的报仇环节。

　　别人是拼爹，他俩是为爹拼了。

　　听说夫差这么努力，勾践有点儿坐不住了，心想等他练成神功，自己不是只有挨打的份了吗？于是，勾践决定先下手为强，主动发起攻击。结果，已经报过仇的越人根本找不到战斗信念，越军惨败。勾践只能带着残余逃到了会稽山，再派大臣去认怂。

结果，伍子胥一针见血地看出越国人的心思，把使者给骂回去了。勾践听完都要哭了，绝望之下决定破釜沉舟孤注一掷 —— 杀了老婆孩子，带最后的力量跟吴国死磕到底。越国大夫文种赶紧阻止了老大的发疯行为，并告诉他，能帮越国活下来的不是越国自己，恰恰是吴国人。换句话说，能摧毁一个国家的，往往是他们内部的自己人。

通过谍报消息，文种早就掌握了吴国最高官员的好恶，比如那位太宰伯嚭（pǐ）。伯嚭和伍子胥一样，也是楚国贵族，结果楚国杀了他祖宗。成功逃亡后，他只想就地躺平，贪贪小钱，活好这一生，绝不多干一份活。越国要做的就是收买他。

伯嚭愉快地签收了越国大礼包，也遵守拿人钱财与人方便的江湖规矩，把文种重新引去见了夫差。文

种把勾践的意思换成温和一点儿的外交语言，一半利诱一半威胁，话里话外的意思，夫差听懂了。吴国士兵也是爹生娘养的，有些或许已经成了一个家庭的中坚力量，有老婆孩子等他们回家，如果明明可以轻松获得和平，却非要牺牲人命，夫差也挡不住满城妇女的哀怨。于是，夫差饶过并接纳了勾践。伍子胥还想劝谏，奈何夫差不听。就这样，越国躲过一劫。

那么，越国许了什么丧权辱国的条约，才换来了苟延残喘呢？

有人说，可想而知呀，夫差一定把勾践抓到跟前，严密监视，天天侮辱，消灭他任何一点点雄心壮志的火苗，让他永世不得翻身。江湖上也确实流传着勾践当俘虏，甚至给夫差养马、尝大便，低三下四竭力讨好夫差的屈辱历史。

不过，你们真的想岔了。春秋时期尽管到了礼崩乐坏的时候，但那也是一个贵族才有话语权的时代。贵族永远不会做那么极端

的事。因为，他们其实是一整个利益共同体。谁能保证自己或子孙后代不会犯错，不会有大难来临的一天呢？对别人留情，就是为自己留后路。所以，当时的通行规则就是得饶人处且饶人。于是，签完和平条约，勾践就平安回国去了。真正当人质的，只是勾践手下的两个人。

你们知道的那些勾践受尽屈辱，然后卧薪尝胆，终于完成反杀的故事，都是喜欢改写剧本的人在我《太史公书》的基础上加的新料，主打一个努力就有回报的榜样力量。甚至，"卧薪尝胆"这个成语都不是我创造的，我只明确说了勾践特别能吃苦。

那是勾践回国后，看着国家在自己手里凋敝成这样，顿感屈辱极了，每天分裂出两个小人对话："苦吗？""苦就对了！舒服是留给死人的。"为了让自己铭记痛苦，不忘仇恨，勾践让厨房每天都要准备几份没有下锅的苦胆，一份吃饭的时候舔一舔，一份放在坐卧处的上方，营造一个被苦包围的气氛。可以说，勾践真正的苦，完全不是夫差主动迫害的，而是他自己想发奋雪耻。

当时的勾践几乎成了几年前夫差的翻版，每天提醒自己："你忘了会稽山的耻辱了吗？"然后以身作则，带领老婆孩子们亲自当老农。整个越国像进入了民主共和时代，人民没有贵贱之分，老百姓有点儿伤病痛痒，勾践就派医生去看病，有婚丧嫁娶，勾践也亲自去贺喜和哀悼，和人民打成了一片。

当然，想要恢复和强大越国，光有这些还不够。越国亟须恢复生产，生产就需要劳动力，《国语》中详细记录了勾践为越国婚假和生育事业出台的一系列优惠政策。

首先，老龄人不能嫁娶青壮年，结婚双方得年龄匹配，以保证有足够的生育资源。其次，限定晚婚年龄，男的二十岁不娶，女的十七岁不嫁，先抓父母去蹲大牢。然后，有孕妇要生孩子的，一定要上报有关部门，公家会派医生做全程护理，为妇女分娩保驾护航。生了孩子的，还有奖品可以拿，男孩赏两壶酒一条狗，女孩赏两壶酒一头猪。如果一个家庭里生了三胎的，公家为他们配奶妈，生二胎的，公家常年提供吃食……一时间，越国几乎家家都有孩子降生，夜夜都能听到他们蓬勃又代表着希望的哭声。

见领导事事亲力亲为，越国人民很感动，紧密团结在勾践周围，组成了强大的复仇者联盟。但孩子长起来需要时间，这一等，就是近二十年。

好在，夫差也在曲线为越国做贡献——努力作死。打服了越国后，夫差决定放一放家门口的一亩三分地，北上中原争霸，逼晋国让出大哥宝座。

夫差出差的这段日子，已经修炼成气候的越国全军出动，对吴国发起了突袭。带着压抑了十几年的仇恨，越军很快打进了吴国首都。其实，即使夫差当时回去，也不一定能保住老巢。这几年，吴军几乎没有星期天，长期泡在军营里跟各国掰手腕，内里已经耗得差不多了。所以，当上霸主的夫差回国后也没啥脾气，只是忙派人给勾践送礼服输，希望两国继续和平共处。

现在，轮到勾践考虑怎么处置吴国了。越国内部召开紧急会议，高参们掂了掂自己的肚子，都认为一口吃不下吴国，于是双方又签订了和平的辱国条约。当然，这一次被侮辱的，是吴国。真是风水轮流转，使劲转啊。

几年后，勾践再次攻打吴国。越军三战三捷，很快就包围了吴

国首都。又围了三年，吴国粮草殆尽，夫差偷偷找了条小路逃到姑苏山。越军继续包围，上演了一场和二十多年前一模一样的剧情。

夫差派人向勾践求和，动作和之前越国的大夫文种完全一致。勾践本想扯平一次，大臣范蠡（lǐ）赶紧劝阻："傻了吧！大王。上次老天爷把越国赏给吴国，吴王没抓住，才有今天姑苏山雪耻的事。今天老天爷把吴国赐给越国了，你想逆天吗？"勾践一听，有道理，当即决定灭了吴国，只给夫差划块地，让他当个土财主。夫差听说后，绝望地自杀了。

其实，勾践的复国和复仇之路，光这样就很精彩了，实在不必把他写成一个没底线的人。

灭了吴国后，勾践也开始北上和齐、晋争霸，并按规矩给周天子送贡品。周天子已经好多年没人搭理了，见有人问津，不能自理的周元王兴奋地给勾践赏赐了齐桓公同款大礼包，让他成了春秋最后一位挤进"五霸"天团的人。当了霸主的勾践学习齐桓公的优良传统，把淮上的土地还给楚国，归还吴国侵占的宋国土地，又把泗水周围百里的地方送给鲁国，赢得了诸侯国的纷纷点赞。所以，整个越国的历史，我写的不是"越世家"，而是《越王勾践世家》。他一个人就可以撑起人们对越国的整个记忆了。

史记原典

飞鸟尽，良弓藏；狡兔死，走狗烹。

——《史记·越王勾践世家》

译文 飞鸟被射完了，好弓自然就要收藏起来；野兔都死了，猎狗也就没用处了，只剩被吃的命运。

赏析 这是范蠡写给文种信中的一句话。后来，西汉名将韩信被杀之前也引用原文感慨过。这是那些心胸并不宽广的帝王的惯用伎俩。在君王手下打工，能力太出色了，有时候需要做点儿自污行为。比如，汉初那位同样功高的萧何，就曾把自己扮成一个贪财的人。另外一位被刘邦钦点的能力超过自己的张良，晚年也进入了修仙模式，退出权力圈。急流勇退，也是一门学问。

"卧薪"是怎么找上"尝胆"的？

史记小百科

《史记》的原文说，勾践回国后，"置胆于坐，坐卧即仰胆，饮食亦尝胆也"，只是为了让自己不被消磨斗志，搞了个特别能吃苦的行为艺术。但人们显然认为，光这样做还体现不了勾践的决心和毅力。

到东汉一本叫《吴越春秋》的书里，勾践的行为，那简直称得上是自残。记载说，勾践想睡觉的时候，用辣辣的东西攻击眼睛。冬天怀里抱着冰，夏天手里握着火。然后为了身体和心志一样苦，悬挂苦胆在大门口，出入都要尝一尝。他一到夜里就哭，哭到大叫……简直都可以进疯人院了。书里还说，勾践在吴国当了一段时间俘虏。做俘虏的日子，勾践夫妇给夫差养了好几年马。养马的当然没什么好地方住，大概就睡在马厩（jiù）的柴草里。所以，后来的人就把"卧薪尝胆"连在了一起。第一次提到这个成语的，还是大文豪苏轼。

春秋·越王勾践

范蠡

哥在江湖，江湖就有哥的传说

　　勾践逆风翻盘，把吴国干趴下，除了文种的外交努力，还离不开这个叫范蠡的人。

　　范蠡这个人，我对他是真好奇，因为他太传奇了。每当我走访一个地方，总能听到他的故事。真是哥已不在江湖，江湖却有哥的传说呀。

　　当初，勾践听说夫差每天都在"996"式军事改革，硬要先发制人，范蠡就提出了不同意见，可勾践不听，最终导致一战回到解放前，只剩五千兵马逃到会稽山。失败了就要总结教训，勾践能屈能伸，给范蠡道歉并请教后面怎么办。范蠡就出了个装孙子求和的主意。虽说屈辱，好歹也算留得了青山在。

　　勾践低调做人那几年，本来打算把国家大事都交给范蠡处理。

范蠡却很有自知之明，说打仗的事他熟，治国管理百姓的事不是他的强项，就让给了文种。不得不承认，范蠡真不是个贪心的人，否则，这种当"显眼包"的威风时刻，多少人能经得住诱惑？

既然权力让给了文种，那苦就该自己吃了。范蠡和另一个越国大夫成了人质被送去吴国。好在，范蠡人品不错，表现良好，过两年夫差就把他放回去了，继续给勾践当军师。

这些年，越国除了积极发展，还在做一件事——等吴国自己玩死自己。勾践几乎每隔一段时间就要问一下，咱可以打吴国了吗？范蠡则每次都把老大高涨的热情一瓢水泼灭，神秘地表示时机未到。

勾践心情很郁闷。毕竟咱们这个时代，人的寿命太短了。再等下去，会不会成为一辈子的遗憾呀？见领导如此着急，范蠡就给吴国的乱局按下了加速键——收买躺平派的伯嚭，让他和对吴国有感情的伍子胥窝里斗。伍子胥被迫自杀后，勾践宛如看见曙光，刚刚被打压下去的激情又重燃，继续问："可以打吴国了不？"范蠡又是一瓢冷水下去，不可以。

范蠡就像一个买东西的，总是"我看看，我再看看"，就是不出手。好在勾践诚心信任他，信任他的判断，把他当作为他的王国把脉的良医。

直到后来，夫差膨胀八百斤，跑去中原和晋国争霸，耐不住的勾践又跑来问，范蠡这才终于给了一句肯定的答复："干吧！"于是，勾践发动全国近五万人向吴国挺进，大败吴国的"空巢太子"。等夫差那边打肿脸充胖子的黄池会开完后，黄花菜都凉了。霸主回来，也只能拿钱给越国买和平。几年后，勾践还是灭了吴国。

灭吴之前，还有一个小插曲。夫差派人求和，勾践本来也想像上次夫差对他一样，回个人情算了。可范蠡变成了那会儿的伍子胥，坚决不同意饶过夫差。他给出了一套逻辑："会稽山那会儿，

是老天把越国打包快递给了吴国，吴国竟然拒收了。今天吴国又被老天反赐给了越国，越国可不能干逆天的事啊。而且大王你拼命的这二十几年，不就是为了拿下吴国吗？你用斧头去砍树制作斧头柄的时候，斧头柄的样子就在旁边呢。难道你忘了会稽山那会儿的屈辱了？"

　　勾践有点儿不好意思，仇是必须报的，但有恩也得报吧？当初夫差可是放了自己一马。咱就算不能放他一马，也不好意思亲眼看着他倒霉吧……于是说："我想听你的意见，但我又不忍心对使者说难听话……"你以为勾践人还挺好的咧？作为一个长者，我想说，你们呀，还是太年轻太天真。勾践只是爱惜羽毛，他想让别人来做这个恶人，好名声留给自己而已。

　　好吧，范蠡领悟到了这层含义，马上击鼓让士兵向前冲，并扯开嗓

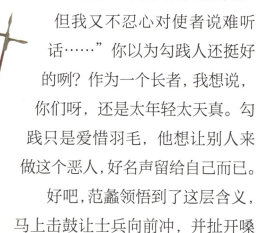

子大喊："我们大王已经把事儿交给我处理了，那位使者你赶紧走，不走我就要得罪啦。"夫差只有自杀。

打赢了吴国，勾践也到外面去看了看世界，跟齐国和郑国这些老牌诸侯打了打招呼，给周天子送了点儿礼物，又把诸侯失去的部分领土还给了他们。凭借着这些好人好事，或者说分配天下的权力，勾践终于也当上了霸主。

完成了大业，范蠡已经是越国的上将军了，但他没有留下来享福，反而一封辞职信递了上去。勾践利诱挽留不成功，就威胁说："你不听我的，我就杀了你。"范蠡不吃这套，等我走了，你咋杀我？漫不经心地表示："嗯嗯，领导你执行你的命令，我按我的心意走。"晚上，范蠡就卷款潜逃了。

走之前，他还给好搭档文种留了一封信。信的内容大名鼎鼎，就是那著名的十二个字：

"飞鸟尽，良弓藏；狡兔死，走狗烹。"

范蠡早就看出勾践是个只能你陪他一起吃苦，他不会跟你一起享福的领导，所以想叫朋友一起走。文种信了，但只是"微"信，人没走，只官宣自己病了。可这样勾践也没放过他，生怕以他的本事投靠其他国家，自己就倒霉了。于是，勾践给了他伍子胥的待遇——赐剑。潜台词就是让他自杀。

那么，范蠡去哪里了？工商业蓬勃发展的齐国。为了不让勾践找到，他给自己改了个称呼，叫鸱（chī）夷子皮，意思是，牛皮做的酒袋子。那年月，没有指纹技术，没有人脸识别，改个名字，就像你们在网上换了个头像和名称，谁还能知道你是谁。要不是我走访了五湖四海，擅长打听，谁知道他还有这张皮呢？

就这样，范蠡逃过了一劫，在齐国大搞生产，成了中产阶级。乱世里，有人削尖脑袋想出名，而有人认为人怕出名猪怕壮，范蠡就是怕出名的。做出名气后，范蠡又不想在齐

国待了，他散尽家财，跑到了陶地。这是个交通要塞，路过的、住店的成群，想发家致富也很容易，于是，范蠡打算开店做买卖。这一做，他又多了一个成功商人的头衔。在陶地，范蠡又给自己新改了个名字，叫陶朱公。此后，凡是做生意的，都要把陶朱公摆在家里供奉，希望他能传点儿生意经。

你看看，有能力的人，根本不抱怨社会，干啥啥行，给他啥，他都能做出样子。

史记原典

伐柯者其则不远。

——《史记·越王勾践世家》

译文 用斧头砍树做斧头柄，斧头柄的样式就在旁边。

赏析 用斧头砍树做斧头柄时，可以根据现成的斧头柄的样式，挑选合适的树木。这句话引申出来的意思是，做什么事，经验或教训都在不远处。同时，它还可以有另一种解释：用斧头去砍树，斧头柄本来也是树的一部分，成为人类的工具后就对同类痛下杀手。而砍下来的树，可能会用来汰换掉已经年久腐坏的斧柄。颠来倒去，都不过是人类的棋子和弃子。

后会无期！

西施是谁？她和范蠡有故事吗？

今天的人提起西施，都知道她是所谓的"中国四大美女"之一，也许还隐隐约约听说过，她是中国历史上第一个有名字的女间谍。甚至还有人说，她和范蠡曾有一段爱情故事。

其实，这些大多都是后人杜撰的。比如，把她写成女间谍，为越国工作，是距离春秋五百年之久的东汉的野史小说《吴越春秋》和《越绝书》里的内容。而西施最后与范蠡幸福地生活在一起，则是《越绝书》引《吴地语》所载，完全是民间的讹传。不过，这些故事就和所有民间故事最后的升华一样，是人们渴望救赎，期待完满，对生活充满希望的善意。

那么，这个不见于正史的西施到底存不存在？应该确有其人，不过，最初的她只是一个长得很美的女孩。所以，先秦诸子提到美人的时候，都不约而同以她为例。

豫让
不是在复仇，就是在复仇的路上

  吴越的纷争，是春秋尾巴上的事。今天要讲的这个人，则是双腿横跨在春秋战国的界线上。他叫豫让。

  豫让是个天选打工人。他最初在晋国范氏家里打工，但范氏家大业大，人才济济，没太注意到他。豫让想，要不跳个槽试试？于是炒了老板，跑到另一个顶流中行氏那儿去了。然而，同样是晋国顶级权贵，来投奔的人没有一技之长，根本也进不了中行氏的大门，在这个卧虎藏龙的地方，豫让还是只能默默无闻着。

  还没等豫让想出办法让领导重视自己，范氏、中行氏就和赵武的后代杠起来了。因为，这两家不怀好意地想瓜分了赵家。

  如果晋国只有这三家权贵，赵家铁定玩完，可晋国的政局一向复杂，多的时候有十几个大家族共同执掌军政，这会儿缩减完，也还有六家呢。除了那三家打架的，还有智氏、韩氏、魏氏三家。

那三家打架，这三家急了。为啥？怕权力的平衡被打破，唇亡齿寒。智伯忧患意识最强，生怕赵氏被吃掉，接下来就轮到自己，忙主动联系韩、魏两家组队抵抗"侵略者"。局面从二打一，变成了智氏、韩氏、魏氏与范氏、中行氏三打二。此时，你可能发现了一个小细节，"罪魁祸首"赵氏去哪儿了？赵家人很狡猾，解除危机后，他们走到观战席，进入看戏模式了。

经过紧张刺激的斗争，范氏和中行氏下错一步棋，最终导致一败涂地，整个家族被赶出了晋国。于是，豫让饭碗又丢了！怎么办？还是换老板。豫让喜欢跟着强者走，这次，他选择了实力大增的智伯。

而且，这次豫让终于时来运转，获得老板的认可，被智伯奉为上宾。然而，好日子还没过多久，历史的车轮已经滚到了这个巨大的岔路口——春秋战国分水岭。什么事件是春秋和战国的分界线呢？这就是前面咱们卖了个关子的晋国另一个顶流故事——三家分晋。

智、韩、赵、魏，晋国不是四家吗，怎么变成了三家分晋呢？因为，还有一家又要在地图上被红叉划掉了。对战国有点儿粗略了解的人应该会抢答了，战国七雄是韩赵魏楚燕齐秦，根本没有智国，那很明显，智氏就是接下来要消失的一家。

智氏不是四家中的最强王者吗？就是因为最强，驱走那两头狼后，智家变成了恶龙，经常欺负另外三家，不是要土地就是要粮食，拼命侵犯别人的钱包。兔子急了也咬人，最终，这三家联合起来，反过头来倒把智氏给灭了。赵襄子尤其对智伯恨得牙痒痒，他把智伯的头盖骨刷上漆后当酒杯。

老板被杀，豫让再次失业，他要怎么办？继续投奔下一任王者赵氏？没错。不过，这次投奔是假的，因为，他要为智老板复仇。豫让随后制定计划，改名换姓，去赵家当了个扫厕所的临时工。

　　并不完全因为厕所清洁工这个职位不惹人注目，更重要的是，不管多尊贵的人，上厕所总不会带着防备吧？而且，正常人每天都要上厕所，那么，在厕所里刺杀赵襄子的成功率几乎最高。

　　果然，这天赵襄子来蹲坑了。才走进厕所，裤子都没脱，赵襄子忽然感到心里一阵悸动，一把抓过旁边扫厕所的人问个究竟。猛地一看，好家伙，这位清洁工袖子里竟然藏了把刀。再仔细一瞧，这不就是智家的豫让吗？豫让被逮了个正着，也不藏着掖着了，嚷嚷着要为智伯报仇。

赵家人一听，这还了得？不能让主公死在粪坑里，于是纷纷提剑要杀豫让。紧急时分，赵襄子摆摆手："别杀！他也算是个义士，我以后小心避着他就是了。"豫让躲过一劫。

　　看到这里，请你开动大脑猜猜后面的故事线。按理说，虽然刺杀失败，但豫让曾经努力和行动过，也对得起智伯了。而赵襄子认出他，又放了他，就算不把赵老板当恩人，仇怨也可以就此化解了吧？可豫让偏不。

　　没过多久，复盘了上一次失败的经验教训后，豫让想了一招更狠的，毁容式复仇大法——把漆涂在身上，让皮肤变烂，再吞火炭烫哑嗓子，连声音都变了。这样，赵襄子肯定认不出来了吧？

　　为了确保万无一失，在去找赵襄子之前，豫让还做了最后的验证——跑到大街上当乞丐。这招最初很有效，连路过的老婆都

没认出他来，可最终还是被熟人戳破了。朋友看着他这副样子不免心疼，给他支招，让他假意去给赵家打工，等关系近了，再刺杀他不是更容易吗？

豫让头摇得像拨浪鼓："如果我装作真诚投靠他却只是为了杀他，这是不忠。"毁容方案失败，豫让只好再出险招，躲在赵襄子出行时必经的桥洞下，准备突击刺杀。

打探到赵襄子什么时候要出行，经过哪座桥等信息后，豫让提前埋伏好了。可赵襄子的马车刚刚走到桥面上，前面的马就突然受惊大叫。赵襄子上次被豫让花式刺杀，已经见怪不怪，心里毫无波澜地说了一句："肯定是豫让在下面。"

手下人跑到桥下把人揪上来，果然是他。赵襄子纳闷了，豫让给那么多人打过工，他曾经的老板范氏和中行氏都是智伯灭的，他为什么不杀智伯，偏偏只为智伯报仇，非追着自己不放呢？豫让也不隐瞒："我给范氏和中行氏打工的时候，他们把我当普通人，所以我对他们也像对普通老板。而智伯把我当国士对待，我自然要同等回报他。"

赵襄子听了，有点儿被感动，但他不是个心软的人。留个顽固的定时追踪炸弹在身边，谁能安心？于是实实在在地告诉豫让："你为智伯做的努力已经够你出名了，我上次放了你，也算是仁至义尽了。现在你就受死吧。"

豫让心想，这下凉了，真的要下地府去找智伯了，可大仇还没报，下去了也无颜相对啊，忙做最后的挣扎："赵老板，你上次放过我，你的美名已经传出去了。事到如今，我很愿意去死，但我心愿未了，太遗憾了。求你把衣服脱下来让我戳几个洞行吗？这样也勉强算我报了仇，下去了我也没遗憾。"

听了豫让的祈求，赵襄子决定来一次临终送温暖，把衣服脱下给了他。豫让大喜，跳起来狠狠地戳了衣服三剑，然后再给自己一剑，魂归混沌去了。

赵国一些游侠勇士听说了豫让的事迹，不自觉地眼中总是含着泪水："感人，太感人了。原来能感动得人热泪盈眶的不只有爱情，还有君臣之义！"

也许你无法理解这种"作死"行为的感动点在哪里。其实，这是和时代背景紧密相连的。战国时期，士人受过非常优质的教育，

他们有自己的信念和准则。这个行为背后的底层逻辑，还是儒家倡导的社交原则，也就是孔子和孟子老先生所说的"君使臣以礼，臣事君以忠"和"君之视臣如手足，则臣视君如腹心"，翻译成大白话就是：你对我怎么样，我就对你怎么样。这是当时人与人之间对等的价值观。

刺客的"士为知己者死"，算是这种观念的极端化表现。只不过，刺客是社会下层人士，他们要报答的人根本不缺金银财帛，所以，一无所有的刺客只好以最宝贵的生命相报。刺客们有的成功，有的失败，志向却一直很清楚，从不违背自己的诺言，答应别人的事就一定会做到。这样的价值观，不止在我的时代难能可贵，恐怕也是以后任何时代都渴求的品质。为了他们，也为这些可贵的品质能在我们国人的精神里流传下去，我就写下了《刺客列传》。

史记原典

> 豫让曰："臣事范、中行氏，范、中行氏皆众人遇我，我故众人报之。至于智伯，国士遇我，我故国士报之。"
>
> ——《史记·刺客列传》

译文 豫让说："我给范氏和中行氏打工，他们对我就像对芸芸众生的普通人，所以我也用普通人的方式报答他们。智伯对我的礼遇如同国士，所以我也用国士的方式报答他。"

赏析 "国士遇我，我故国士报之"，这是君臣这种人际关系里的平等逻辑。后世有一种说法，雷霆雨露皆是君恩，就是别管君对你是好是坏，你只能尽忠，只能报效。而在春秋战国时期，从孔孟到豫让，士人都有自己的独立精神，他们推崇的是人格平等观念。你对我怎么样，我就怎么样回报，而不是只懂感恩。"君之视臣如手足，则臣视君如腹心；君之视臣如犬马，则臣视君如国人；君之视臣如土芥，则臣视君如寇仇。"孟子的这句名言，就是这种独立人格的主张。

"士为知己者死" 的士，到底是什么身份？

史记小百科

西周时期，社会的等级是这样的：天子＞诸侯＞卿＞大夫＞士。这些都属于贵族阶级。

这些身份是怎么形成的呢？天子建立王朝以后，地方太大，一个人管不过来，要分封儿子和亲戚们出去帮忙镇守，他们就是诸侯。诸侯死后的谥号是某某公，他的儿子叫公子。嫡长子继承君位后，其他公子也像天子分封的诸侯一样，有义务协助爹或哥哥处理工作，他们就是国家的卿大夫。公子的儿子，是公的孙子，就叫公孙。公孙里的长孙通常继承爹的官职，其他开枝散叶的那么多公孙，一般也能混到个大夫当当。轮到公孙的一群孩子，朝廷站不下那么多人，蛋糕可能就不够分了，他们就会沦为最低级的士。

所以，别看士是最低级的贵族，但往上追溯起来，他们可能都有一个阔祖宗。这些受过良好教育的士，都是一些有原则有担当的人，豫让就是其中的一员。

歪歪兔 "来了" 书系

在孔子乐观、坚持的人生故事中读懂《论语》。

像庄子一样乐观自信，做自己，不焦虑。

寓言故事到底在讲什么？这下真的读懂了！

有故事、有趣味、有观点，按时间线串讲《史记》，培养和发展孩子的历史思维能力。

一套孩子读得懂的《诗经》！回到先秦历史现场，见证每一首经典的诞生。

在故事中读懂楚辞的深情与华美，在楚辞中读懂屈原的理想和坚持。

在诗人故事中轻松读懂唐诗，一套孩子自己想要读的唐诗书。

在词人故事中轻松读懂宋词，提升孩子的文学审美力，从读宋词开始。

从不断"颠覆自己、超越自己"的物理学历程中，培养孩子独立思考的能力。

一本有趣又有用的哲学书！孩子们困惑的问题，哲学家早就有答案！

在名士故事中轻松读懂小古文，培养孩子乐观、包容、幽默的人生态度。

读故事学古文，让孩子轻松爱上文言文。

微信扫一扫
发现"来了"书系更多好书

图书在版编目（CIP）数据

史记来了！：司马迁带你读史记. 贰，春秋 / 大梁
如姬著；李玮琪，李娅绘. -- 北京：海豚出版社，
2024.10（2025.7 重印）. -- ISBN 978-7-5110-7127-9

Ⅰ. K204.2-49

中国国家版本馆 CIP 数据核字第 2024PS1278 号

史记来了！——司马迁带你读史记

⑳ 春秋

出 版 人：	王　磊
总 策 划：	宗　匠
执行策划：	宋　文
监　　制：	刘　舒
撰　　文：	大梁如姬
绘　　画：	李玮琪　李　娅
装帧设计：	玄元武　侯立新
责任编辑：	杨文建　张国良
责任印制：	于浩杰　蔡　丽
法律顾问：	北京市君泽君律师事务所　马慧娟　刘爱珍

出　　版：	海豚出版社
地　　址：	北京市西城区百万庄大街 24 号　　邮　编：100037
电　　话：	（010）65569870（销售）　（010）68996147（总编室）
传　　真：	（010）68996147
印　　刷：	北京博海升彩色印刷有限公司
开　　本：	16 开（787 毫米 ×1092 毫米）
印　　张：	37.75
字　　数：	280 千
印　　数：	20001-30000
版　　次：	2024 年 10 月第 1 版
印　　次：	2025 年 7 月第 3 次印刷
标准书号：	ISBN 978-7-5110-7127-9
定　　价：	218.00 元（全 5 册）